Marie-Luise Brückner
Sia Dreher
Catherine Massey
Bruno Rodi
Annette Wragge

Zimmerbrunnen

& spritzige Gartendeko

Ideen für drinnen und draußen im Material-Mix

Zimmerbrunnen & spritzige Gartendeko

Entdecken Sie die entspannende Wirkung von leise plätscherndem Wasser! Die angenehme Melodie hat eine beruhigende Wirkung auf die Seele und klärt die Gedanken.

Bepflanzt, als kleine Landschaft dekoriert oder asiatisch inspiriert – für jeden Geschmack gibt es in diesem Buch passende Zimmerspringbrunnen. Wasserspiele und Vogeltränken bereichern Balkon und Garten.

Viele der gezeigten Brunnen und Wasserspiele sind auch von Bastelanfängern leicht nachzumachen. Lassen Sie sich von unseren Ideen inspirieren und entdecken Sie, wie viel Spaß es macht, einen Zimmerbrunnen nach den eigenen Wünschen zu gestalten.

Schwierigkeitsgrad

- einfaches Motiv
- etwas schwierigeres Motiv
- anspruchsvolles Motiv

Tipps

Sie finden in diesem Buch zahlreiche Tipps und Tricks, damit Ihnen das Basteln noch mehr Spaß macht. Orientieren Sie sich bitte an den folgenden Symbolen:

Bastel-Tipp

Oft sind es nur ein paar kleine Handgriffe, die das Arbeiten leichter machen. Diese Kniffe verraten wir Ihnen bei den Bastel-Tipps.

Variations-Tipp

Das Modell sieht auch in einer anderen Farbe oder mit anderen Materialien toll aus? Bei den Variations-Tipps finden Sie Vorschläge, wie Sie das Modell abändern können.

Anwendungs-Tipp

Sie suchen ein Modell, das z. B. gut als Geschenk geeignet ist, oder Sie überlegen, wie und wofür Sie das Modell hinterher verwenden können? Dann helfen Ihnen die Anwendungs-Tipps weiter.

Einkaufs-Tipp

Wo bekomme ich was? Die Einkaufs-Tipps verraten, wo Sie am besten bestimmte Materialien einkaufen, damit Sie nicht stundenlang in verschiedenen Geschäften danach suchen müssen.

Spar-Tipp

Damit Sie noch genügend Geld für die anderen schönen Dinge des Lebens übrig behalten, zeigen wir Ihnen bei den Spar-Tipps Tricks und Möglichkeiten auf, die den Geldbeutel lachen lassen.

ALLGEMEINE HILFSMITTEL UND WERKZEUGE

Folgende Hilfsmittel und Werkzeuge werden für die meisten der in diesem Buch gezeigten Modelle verwendet. Sie werden in den speziellen Materiallisten zu den einzelnen Modellen in der Regel nicht mehr aufgeführt:

- Transparentpapier
- Kohle- oder Kopierpapier
- Bleistift
- Radiergummi
- Lineal
- Laub-, Stich- oder Dekupiersäge
- Schleifpapier
- Schraubzwingen
- Flachpinsel, Fächerpinsel, kleine Pinsel
- Klebefilm
- Heißklebepistole und Patronen
- Silikon, Dichtungsmasse
- Schere, Cutter mit Unterlage
- scharfes Messer
- Bohrmaschine
- Hammer
- kleine Nägel
- Schrauben

Tipps zur Materialbeschaffung

- Pumpen, Schläuche sowie fertige Brunnen erhalten Sie beim Aquarienbedarf, beim Teichbedarf oder im Baumarkt in der Garten- und Teichabteilung.

- Auch zahlreiche Dekoartikel wie Kieselsteine mit Nassoptik, künstliche Seerosen und Wasserpflanzen, etc. erhalten Sie im Garten- und Teichcenter.

- Die Pumpe ist das Herzstück eines jeden Brunnens. Die Pumpe wird elektrisch betrieben. Achten Sie daher bei der Wahl des Standortes auf die Nähe zu einer Steckdose! Die Pumpe saugt das Wasser an und spritzt es mit Hilfe eines Röhrchens in die Höhe. Je höher der Weg, den das Wasser aufzusteigen hat, desto stärker sollte die Pumpe sein. Für manche Brunnen ist die nötige Förderleistung bzw. Durchlaufgeschwindigkeit der Pumpe angegeben (z. B. 5 l/min). Bei vielen Zimmerbrunnenpumpen ist die Förderleistung einstellbar. Bevor Sie die Pumpe endgültig im Wasserbehälter montieren, sollten Sie ausprobieren, ob das Wasser nicht über den Rand spritzt. Die Pumpe muss immer mit Wasser bedeckt sein, damit sie nicht trocken läuft.

- Sie können fertig bepflanzte Brunnen nach Geschmack umdekorieren. Das Wasser läuft hier meist über einen Quellstein aus Tuff, Marmor, Schiefer oder Achat. Die Pflanzendekoration können Sie in einen Topf ausquartieren, die Pflanzschale mit Wasser füllen, auf dem Sie Blüten und Blätter schwimmen lassen.

So geht es

Vorlagen übertragen

Das Transparentpapier auf der maßstabsgerecht vergrößerten Vorlage platzieren. Dann die Linien mit Bleistift nachfahren. Nun das bemalte Transparentpapier auf den gewünschten Untergrund legen. Dazwischen Kohle- oder Kopierpapier schieben, die färbende Seite zeigt nach unten. Damit nichts verrutscht, die einzelnen Lagen am besten mit Klebefilm fixieren. Die Linien auf dem Transparentpapier nachfahren, dann drücken diese sich auf den Untergrund durch.

Brunnengefäße aus Holz

Unbehandelte Hobelbretter und Leisten aus Fichten- oder aus Kiefernholz sind geeignetes Baumaterial für Brunnenschalen. Die benötigten Teile können – sofern es gerade Schnitte sind – gleich beim Baumarkt auf das gewünschte Maß zugeschnitten werden. Beim selbst zusägen die Maße mit Bleistift auf das Holz übertragen. Innenlinien und unregelmäßige Teile mit Kohle- bzw. Kopierpapier von der Vorlage übertragen.

Die Einzelteile mit der Laub- oder Stichsäge aussägen. Die Laubsäge eignet sich allerdings nur für dünnes Holz bis ca. 5 mm. Sie wird in ständiger Auf-und-ab-Bewegung mit nur leichtem Druck durch das Holz geführt. Für stärkeres Holz die Stich- oder Dekupiersäge verwenden.

Die Kanten mit einer Feile und Schleifpapier glatt schleifen. Die Feile mit beiden Händen führen: eine Hand hält den Griff, die andere liegt auf dem Blattende und drückt es auf das Werkstück. Die Holzfasern nicht nach außen drücken, sondern schräg und vom Körper weg feilen. Zuletzt die Kanten mit Schleifpapier glätten.

Die Einzelteile am besten mit einkomponentigem PU-Leim (ist sogar seewasserfest) zusammenkleben. Die verleimten Flächen müssen mit einer Schraubzwinge bis zum völligen Trocknen zusammengepresst werden. Die Fugen im Gefäß mit Silikon oder Dichtungsmasse gut versiegeln.

Farben und Strukturen

Für die Bemalung wasserfeste Farben verwenden. Die Holzgefäße sollen möglichst innen und außen zwei- bis dreimal lackiert werden. Nach dem ersten Anstrich mit Schleifpapier abschleifen. Die Farbe zwischen den Anstrichen immer gut trocknen lassen.

Für eine strukturierte Oberfläche etwas Sand oder kleine Kiesel in die Farbe mischen. Das Gemisch dick auftragen oder mit einem Schwamm auftupfen. Es gibt aber auch fertige Farbe mit Granit- oder Terrakottaoptik im Bastelgeschäft zu kaufen. Die Objekte zum Schluss innen und außen mit farblosem Lack versiegeln.

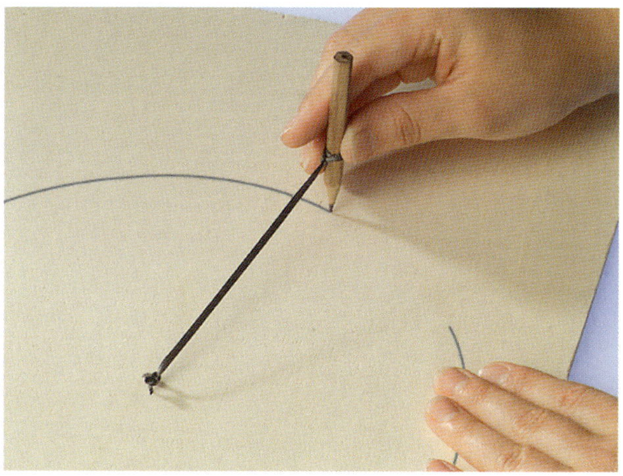

Kreise zeichnen

Für große Kreise kann man einen Zirkel ganz einfach selbst konstruieren. Dafür in der Mitte des Materials einen Nagel schlagen und an diesen eine Stück unelastische Schnur binden. An das andere Ende einen Bleistift binden. Der Abstand zwischen Nagel und Bleistift ist der Radius. Den Kreis zeichnen, indem der Stift rund um den Nagel geführt wird. Darauf achten, dass der Faden dabei nicht aufgerollt wird.

GRUNDAUSSTATTUNG MOSAIK

- Mosaikzange (so genannte japanische Zange)
- Modelliereisen
- Spachtel
- Schwammbrett, Schwammtuch, Schwamm
- trockenes Tuch
- Gipsbecher, Löffel
- Schutzbekleidung (Staubmaske, Schutzbrille)
- Gummihandschuhe

Mosaik

Glasmosaiksteine gibt es in allen Farben im Bastelgeschäft zu kaufen. Meist sind sie 2 cm x 1 cm oder 2 cm x 2 cm groß. Die Mosaiksteine werden direkt auf den Untergrund geklebt. Die Muster können entweder „frei Hand“ oder nach Vorlage gelegt werden. Als Untergrund eignet sich jedes wasserfeste Material.

Entwurf übertragen

Den Entwurf mit Kohlepapier auf den Untergrund übertragen. Bei leicht gebogenen Untergründen die Motivteile am besten einzeln ausschneiden und übertragen. Anschließend mit der Mosaikzange die Mosaiksteine zurechtschneiden (Abb. 1). Für Glasmosaiksteine kann auch eine Glasbeißzange verwendet werden.

Klebstoff anrühren

Wenn Sie einen kleinen Vorrat an Steinen vorbereitet haben, mischen Sie etwas Klebstoff in einem Gipsbecher an. Verwenden Sie handelsüblichen Fliesenkleber im Verhältnis 3:1, d. h. drei Teile Klebstoffpulver werden in einen Teil Wasser klumpenfrei eingerührt. Die Masse kurz ruhen lassen (ca. fünf Minuten) und dann nochmals durchrühren (Abb. 2).

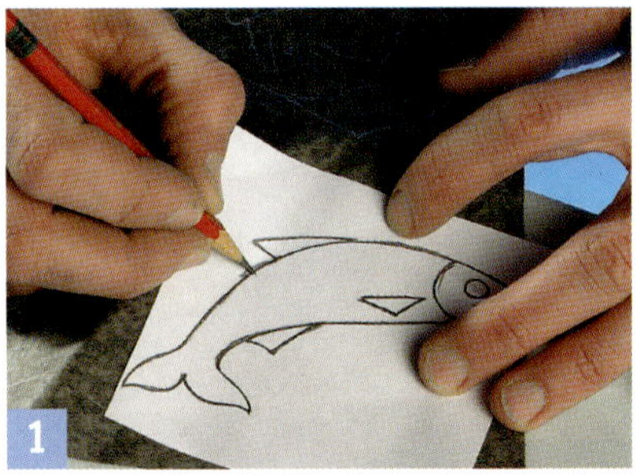

1

2

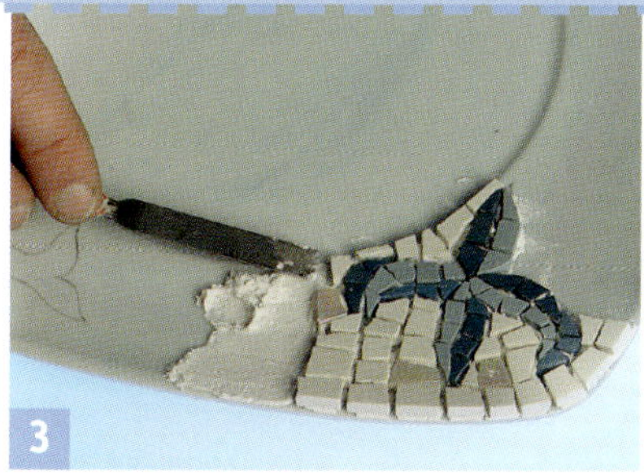

3

5

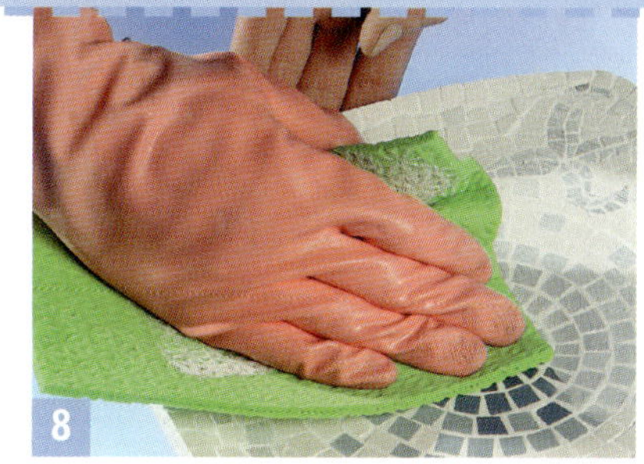

8

Klebstoff auftragen

Tragen Sie nun den Kleber ca. 2 mm stark mit einem Spachtel oder Modelliereisen auf den Teil des Untergrundes auf, den Sie als erstes belegen möchten. Enthält Ihr Mosaik Muster, werden diese zuerst gearbeitet, dann erst der Hintergrund. Der Stein soll satt im Klebstoff sitzen, der Klebstoff soll allerdings nicht über den Stein hinaus an die Oberfläche quellen (Abb. 3).

Mosaiksteine setzen

Um eine gleichmäßige Oberfläche zu erhalten, können Sie das Mosaik mit einem glatten Gegenstand vorsichtig andrücken. Wenn Sie zwischendurch pausieren wollen, ziehen Sie zuviel aufgebrachten Kleber wieder ab. Achten Sie darauf, dass keine Steinchen direkt aneinander stoßen und lassen Sie zwischen den einzelnen Tesserae eine Fuge von ca. 1 mm (Abb. 4).

4

Fugenmasse anrühren

Das fertig gesetzte Mosaik mindestens 24 Stunden trocknen lassen und dann verfugen. Das Fugenpulver mit sauberem Wasser zu einer leicht pastösen, klumpenfreien Masse anrühren (Verhältnis ca. 1:2,75, Herstellerhinweise beachten). Das Fugenpulver löffelweise zum Wasser dazugeben (Abb. 5).

Verfugen

Drücken Sie nun die Fugenmasse großflächig mit einem Gummischwamm, einer Kelle oder einem Schwamm (bei glatten Untergründen) oder einem dicken Rundpinsel (bei nicht ebenen Flächen) in die Fugen ein. Streichen Sie dazu die Fugenmasse mehrmals in alle Richtung über das ganze Mosaik. Dann alles ca. zehn Minuten ruhen lassen bis die Fugenmasse an den Rändern zu trocknen beginnt (Abb. 6).

6

Überschüssige Fugenmasse entfernen

Mit dem Schwammbrett (bei unebenen Flächen mit einem Schwamm) die Fugenmasse entfernen. Nun mit einem gut ausgedrückten Schwamm über das Mosaik fahren, um die überschüssige Fugenmasse zu entfernen und die Fugen zu glätten. Die Fugenmasse nicht aus den Fugen herauswaschen und den Schwamm zwischendurch immer wieder gut ausspülen (Abb. 7)!

7

Mit einem Schwammtuch nachputzen

Das Mosaik ist bislang nur grob gesäubert, nun wird es geputzt. Nach dem Säubern mit dem Schwamm bleibt ein leichter Fugenmasseschleier auf dem Mosaik, diesen nach ca. fünf bis zehn Minuten mit einem feuchten, gut ausgedrückten Schwammtuch entfernen. Dafür mehrmals langsam in alle Richtungen flach über das Mosaik wischen und das Tuch immer wieder gut reinigen (Abb. 8).

Mosaikarbeit nachbehandeln

Nach ca. 30 Minuten bis eine Stunde (Fugen müssen angetrocknet sein) wird die verbliebene Verschmutzung mit einem trockenen Tuch abgerieben. Wenn die Fugen ganz durchgetrocknet sind, wird das Mosaik Steinchen für Steinchen noch einmal nachpoliert, dafür evtl. einen handelsüblichen Bodenreiniger verwenden (Abb. 9).

9

Arbeiten mit Ton

Ton schlagen und schneiden

In Ton sind Luftbläschen enthalten, die beim Brennen das Zerbrechen des Objekts zur Folge haben können. Damit die Luft entweicht, den Ton mehrmals kräftig auf eine stabile Tischplatte schlagen und zu einer gleichmäßigen Masse verarbeiten.

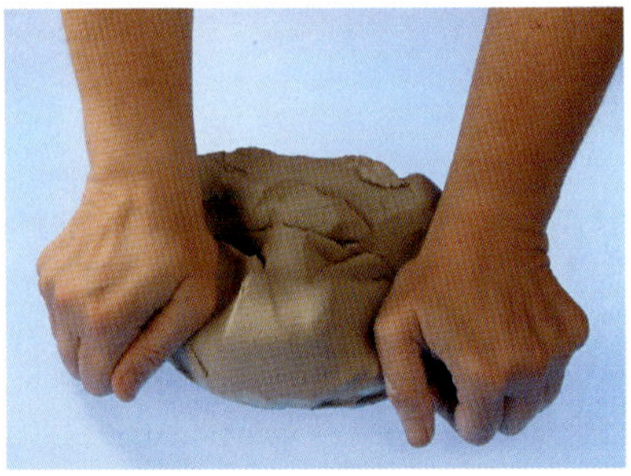

Den Ton von innen nach außen kneten. Die Tonerde mit leichtem Druck mit den Handballen vom Körper wegschieben. Der Ton wird verdichtet.

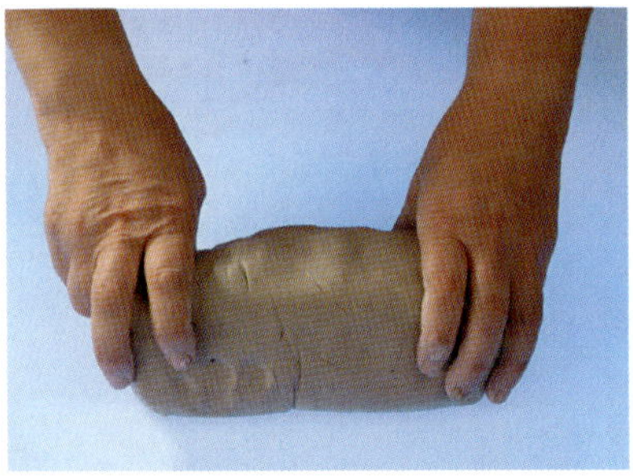

Der Masse eine längliche Form geben, dabei weiter pressen und drücken. So wird die Luft aus dem Ton herausgepresst. Anschließend die Rolle an den Seiten wie im ersten Schritt mit den Handballen pressen, nun aber den Druck zur Mitte richten. Es entsteht eine Fahrradsattelform.

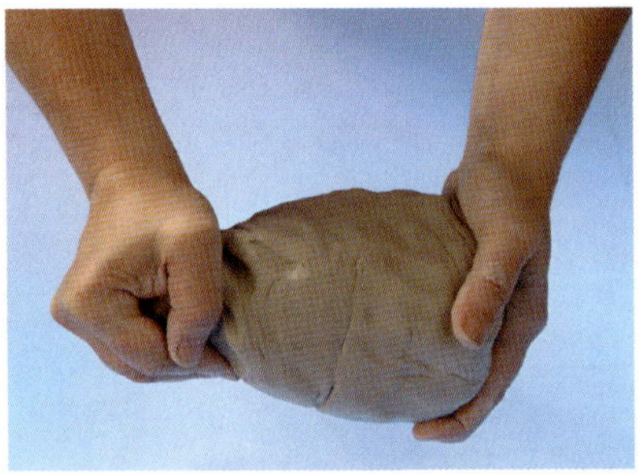

Die Tonmasse anheben, zwischen den Händen drehen und dabei leicht auf den Untergrund schlagen. Beim Drehen wird die Luft aus dem Ton gedrückt und der Ton wird schön geschmeidig.

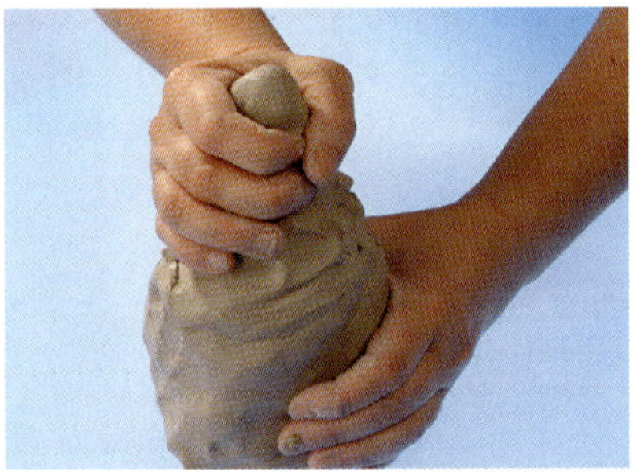

Zuletzt die Masse mit kreisförmigen Bewegungen weiter zusammenpressen und schlagen.

Platten- und Formentechnik

Aus ausgewellten Tonplatten kann man eckige und zylinderförmige Objekte gestalten. Mit Hilfe von Styroporkugeln und anderen Styroporformen können sehr gleichmäßige runde Formen hergestellt werden.

Ton ausrollen

Einen Tonbatzen auf Folie legen und zunächst durch Schlagen mit dem Wellholz flach klopfen. Den Ton zwischen zwei Leisten in der gewünschten Höhe legen und die Enden des Wellholzes darauf legen. Den Ton vom Körper weg ausrollen. Mit gleichmäßigem Druck bearbeiten, bis ein natürlicher Widerstand des Tons zu spüren ist. Dann wenden und von der anderen Seite weiter ausrollen. So fortfahren, bis das Wellholz ohne Widerstand über die Leisten gleitet.

Zum Wenden die Folie samt Ton anheben, den Ton in die Handfläche fallen lassen und die Folie vom Ton abziehen. Die Tonplatte um 90° drehen und auf die Arbeitsfläche legen. Die Leisten wieder anlegen und weiter ausrollen.

Styroporkörper überformen

Einen Nylonstrumpf um die Styroporform ziehen. Den ausgerollten Ton über die Styroporhalbkugel legen und an die Kugel anformen. Besonders im Randbereich fest andrücken. Überschüssigen Ton am Rand abschneiden. Wenn der Ton lederig getrocknet ist, die Styroporform entfernen.

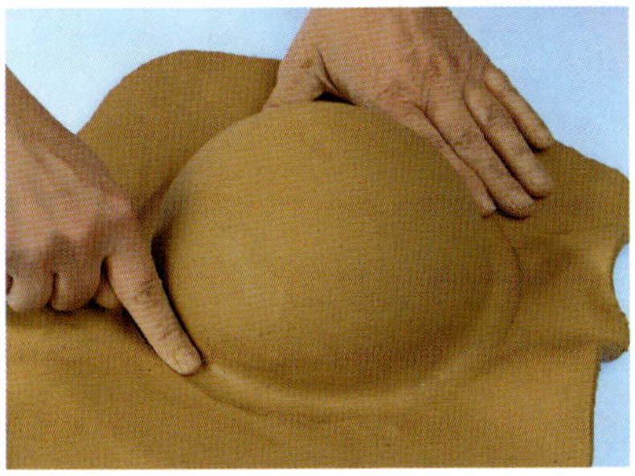

Platten zusammensetzen

Die Seiten, an denen die Fläche mit einer anderen Fläche verbunden wird, anschrägen. Mit einem Messer beide Kontaktstellen kreuzweise einschneiden. Ton mit Wasser verdünnen und diesen Schlicker mit einem dicken Pinsel auftragen. Die beiden Teile zusammendrücken. Heraustretenden Schlicker an der Naht verstreichen. Von außen leicht gegen die Naht klopfen.

Halbkugeln verbinden

Die Nähte aufrauen und Schlicker auftragen (siehe Platten zusammensetzen). Beide Hälften zusammensetzen und die Naht mit einem Tonwulst verstärken. Den Wulst mit den Fingern oder einem Modellierholz ver-

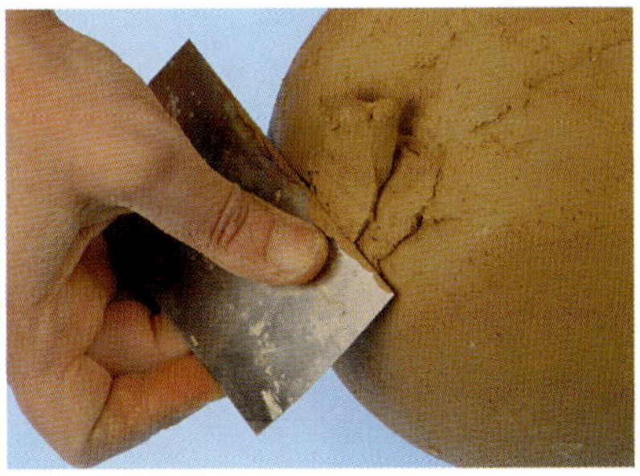

streichen. Mit einem Metallschaber glätten. An Vertiefungen etwas Ton aufsetzen und mit einem Metallschaber verstreichen, bis eine glatte Oberfläche entsteht.

Schrühbrand

Geschrüht wird in der Regel zwischen 850°C und 900°C. Der gebrannte Ton ist anschließend noch saugfähig und kann glasiert werden.

Glasieren

Die Tonarbeit muss vor der Glasur staub- und fettfrei sein. Der Boden des Objekts muss unglasiert sein, sonst haftet das Objekt nach dem Brennen im Ofen. Je heller der Ton ist, desto heller und klarer wird auch die verwendete Farbe. Nach dem Auftragen der Glasuren folgt der Glattbrand.

Tipps & Tricks

- Tonarbeiten sollen nicht zu schnell trocknen, da sonst Risse entstehen. Am besten trocknen sie in einem kühlen Raum. Kleinere Sachen oben und an dünneren Stellen mit einer Folie oder einem feuchten Tuch abdecken.

- Wenn Sie die Arbeit unterbrechen müssen, können Sie die Objekte mit Wasser besprühen und in feuchte Tücher und Folie einwickeln.

- Denken Sie daran, dass keine Hohlräume ohne Löcher in Ihren Objekten sein dürfen, da sie sonst zerbersten. Ein kleines Loch an einer unauffälligen Stelle reicht, um das zu vermeiden.

Tipps & Tricks

- Da der Zimmerbrunnen einen geschlossenen Wasserkreislauf hat, also keine eigene Wasserzuleitung, muss verdunstetes Wasser regelmäßig wieder aufgefüllt werden. Sie können die Pumpen mit fertig durchbohrten Quellsteinen oder mit verschiedenen Spritzaufsätzen kaufen, die das Wasser als Glocke, spritzend oder sprudelnd austreten lassen. Mit Hilfe eines dünnen Schlauches, den Sie in der Aquarium-Abteilung bekommen und den Sie auf den Ausflussstutzen der Pumpe stecken, können Sie das Wasser höher leiten und von oben herabplätschern lassen.

- Die Pumpe wird unter Dekomaterial wie Blähton, Murmeln, Wurzeln oder künstlichen Pflanzen versteckt. Nach einigen Wochen sollte das Wasser ausgewechselt werden. Wenn Sie die Dekoration dabei nicht zerstören möchten, können Sie das alte Wasser mit einer Handpumpe aus Kunststoff (Teichzubehör) absaugen und dann erneuern.

- Ein- bis zweimal im Jahr sollte der Brunnen samt Pumpe gründlich gereinigt und dabei Kalkablagerungen entfernt werden. Hartnäckige Kalkränder können Sie mit Essigwasser aufweichen. Wenn Sie dem Leitungswasser einige Tropfen „Brunnenklar" zugeben, bleibt es frisch und klar. Die Bildung von Bakterien und Algen wird verhindert.

ZIMMERBRUNNEN

Zimmerbrunnen bringen eine besonders behagliche Atmosphäre ins Haus. Sie verbessern die Raumluft durch Ihre Verdunstungskälte und reinigen die Luft. Durch die Luftbefeuchtung bringt ein Zimmerbrunnen oft Linderung bei trockener Haut oder brennenden Augen.

Strandlandschaft

→ Sommerstimmung fürs Wohnzimmer

1 Falls der fertige Zimmerbrunnen bepflanzt ist, den Pflanzkorb mit den Grünpflanzen aus dem Brunnengefäß nehmen. Die Pumpe und das Wasser befinden sich in einem separaten Behälter.

2 Den frei gewordenen Platz bis zur halben Höhe der Brunnenschale mit großkugeligem Pflanzgranulat füllen. Dadurch wird der Brunnen nicht so schwer. Darüber ein Stück Plastik von einer Plastiktüte legen, damit der Sand nicht in die Zwischenräume rieselt. Darauf den feinen Sand geben. Vorsicht: Der Sand darf nicht in den Behälter mit der Pumpe gelangen, da sie sonst verstopft.

3 Den Plastikbehälter, auf dem der Sprudelstein sitzt, mit Steinen und Muscheln abdecken.

4 Für die Hängematte das Stoffstück mit Draht zwischen zwei kleine Äste binden und in den Sand stecken. Die Palme und das Sonnenschirmchen einstecken. Die restlichen Dekorationen verteilen.

Variations-Tipp

Wer es gerne etwas schlichter möchte, kann auch statt Dekoartikeln Halbedelsteine oder andere schöne Steine im Sand platzieren.

MOTIVHÖHE
ca. 23 cm

MATERIAL
- Zimmerbrunnen in runder Keramikschale mit Sprudelstein aus Tuff, ø 26 cm
- großkugeliges Pflanzgranulat
- Plastiktüte
- Deko- oder Vogelsand
- Schiefersteine
- dekorative Steine
- Muscheln
- Holzmotorboot, 6 cm lang
- kleine Plastikpalme
- Eisschirmchen
- Spielzeugfisch
- Glasmuschel in Türkis, ø ca. 6 cm
- Plastikeimer
- 2 Äste
- Netzstoff in Gelb
- dünner Draht

Muntere Quelle

→ Natur im Wohnzimmer

MOTIVHÖHE
ca. 39 cm

MATERIAL
- wasserfest verleimtes Sperrholz (Multiplex), 2,4 cm stark, ca. 1 m x 1 m
- wasserfeste Acrylfarbe in Grau
- Deko- oder Vogelsand
- Schutzlack in Transparent
- wasserfester Holzleim
- Silikon- oder Dichtungsmasse
- künstliche Gräser
- Schilfrohr
- ca. 4 große Steine
- Wurzeln
- nass glänzende Kieselsteine
- Zimmerbrunnenpumpe, 5 l/min
- Gehrungssäge

1 Für die Seitenteile zwei Rechtecke, je 7 cm breit, 25 cm lang, und zwei Rechtecke, je 7 cm breit und 22 cm lang, zuschneiden. Die kürzeren Teile zwischen die zwei längeren kleben. Mit Schraubzwingen zusammenpressen und trocknen lassen. Für den Rand oben vier Leisten, 25 cm lang, 3 cm breit, auf Gehrung zusägen. Also so, dass zwei schräge Kanten aufeinandertreffen und zusammen einen rechten Winkel bilden. Auf den oberen Rand der Seitenteile kleben. Für den Boden ein 19 cm x 19 cm großes Stück zusägen.

2 Die Bodenplatte zwischen die Seitenteile einpassen, festkleben, zusammenpressen und über Nacht trocknen lassen. Die Fugen mit Dichtungsmasse oder Silikon versiegeln.

3 Den Brunnenbehälter innen zwei- bis dreimal mit farblosem Schutzlack bestreichen. Die Lackschichten jeweils gut trocknen lassen. Die Flächen vor dem nächsten Anstrich abschleifen.

4 Unter die graue Acrylfarbe löffelweise etwas Sand mischen. Die Farbe mit dem Pinsel dick innen und außen auftragen. Dadurch bekommt der Holzkasten eine Optik wie feinkörniger Putz. Den Anstrich gut trocknen lassen.

5 Testen, ob der Brunnenkasten wasserdicht ist, andernfalls alle Kanten innen noch einmal abdichten.

6 Die Pumpe einpassen, das Wasser soll auf die gegenüberliegenden Steine spritzen. Die Stärke des Wasserstrahls lässt sich an der Pumpe regulieren.

7 Den Brunnen wie eine Uferlandschaft mit Gräsern und Schilfkolben dekorieren. Die Pumpe mit einer Wurzel kaschieren.

Bastel-Tipp

Sollte Ihr Brunnenbehälter nicht wasserdicht sein, können Sie ihn auch mit durchsichtiger Plastikfolie auskleiden, die Sie bis zum Rand hochziehen und festkleben. Hübscher Nebeneffekt: Blaue Folie, z.B. vom Müllbeutel, lässt das Wasser seegrün wirken.

Kaktus-Kaskade

→ für mexikanisches Ambiente

MOTIVHÖHE
ca. 40 cm

MATERIAL
- große Getränkeflasche aus Plastik (z. B. Cola-Flasche, 1,5 l)
- Blumenschale aus Ton, ø 24 cm, 12 cm hoch
- 9 Mini-Tontöpfe, ø 3 cm
- Sperrholzplatte, 5 mm stark, 30 cm x 30 cm
- wasserfeste Acrylfarbe in Türkis
- Permanentmarker in Rot, Weiß, Blau und Schwarz
- Zimmerbrunnenpumpe, 10 l/min
- Plastikschlauch, ø 1 cm, 50 cm lang
- ca. 9 große Steine
- 8 künstliche Kakteen
- Holzbohrer, ø 1 cm und 5 mm
- Schnitzmesser

VORLAGE SEITE 60+61

1 Die Blumenschale mit der Öffnung nach unten auf die Holzplatte legen, den Umfang anzeichnen. 1 cm innerhalb dieses Kreises einen weiteren Kreis aufzeichnen und entlang dieser Linie eine Holzscheibe aussägen. Sie soll in die Blumenschale als Deckel passen und im oberen Drittel der Schale aufsitzen, damit die Pumpe darunter Platz hat.

2 In der Mitte der Holzscheibe ein Loch im Durchmesser des Plastikschlauches bohren. Seitlich davon mehrere kleine Abflusslöcher bohren. Die Scheibe an einer Stelle am Rand für den Kabelausgang mit einem Schnitzmesser einkerben. In den Flaschenboden ebenfalls ein Loch im Schlauchdurchmesser bohren.

3 Die Pumpe in die Schalenmitte stellen, den Plastikschlauch auf die Ausflussdüse stecken und durch Bodenplatte und Plastikflasche führen. Er steht oben am Flaschenhals etwa 1 cm über.

4 Alle Teile wieder auseinander nehmen. Rundum in die Plastikflasche mit dem Cutter nach Vorlagenskizze abwärts zeigende Dreiecke etwa 2 cm weit einschneiden, so dass man die kleinen Tontöpfe in die Kerben klemmen kann. Das Flaschengewinde oben abschneiden, einen Minitopf in die Öffnung kleben. Das Abflussloch davor mit einer Feile vergrößern, damit der Schlauch durchpasst.

5 Blumenschale, Flasche und Holzdeckel in Türkis anstreichen. Das Muster nach Vorlage mit Permanentstiften aufmalen.

6 Nach dem Trocknen der Farbe die Pumpe mit Heißkleber in die Mitte der Blumenschale kleben (lässt sich leicht wieder entfernen). Den Plastikschlauch aufstecken und durch den Holzdeckel sowie durch die Flasche führen. Die Flasche mit Heißkleber auf den Deckel kleben. Die Mini-Tontöpfe in die Einkerbungen der Plastikflasche klemmen und mit Heißkleber zusätzlich fixieren.

7 Die Holzabdeckung zur besseren Stabilität mit großen Steinen beschweren. In die Minitöpfchen kleine Kakteen aus Kunststoff setzen.

Variations-Tipp

Natürlich wachsen in den kleinen Töpfchen auch echte Kakteen. Dann sollten Sie jedoch darauf achten, dass sie nicht ständig durch das herabfließende Wasser bewässert werden. Kresse ist als Bepflanzung ebenfalls gut geeignet.

Mini-Seerosenteich

→ mit Frosch

MOTIVHÖHE
ca. 22 cm

MATERIAL
- leere Plastikflasche (für Flüssigwaschmittel)
- Gipsbinden
- Brett, 8 mm stark, 30 cm x 21 cm
- Zimmerbrunnenpumpe mit Saugnäpfen, 5 l/min
- Plastikschlauch, ø 1 cm, 10 cm lang
- wasserfeste Acrylfarbe in Weiß
- Deko- oder Vogelsand
- Kieselsteine mit Nassoptik
- einige Scherben Terrakottafliesen
- künstliche Seerosen und Wasserpflanzen
- Plastikfrosch
- scharfes Messer

1 Die Plastikflasche mit einem scharfen Messer der Höhe nach halbieren, eine Hälfte auf das Brett legen. Mit Bleistift die Umrisse aufzeichnen. Die Form entsprechend aussägen.

2 Die Flaschenhälfte mit Heißkleber auf das Brett kleben. Den Zwischenraum zwischen Plastik und Holz mit Gipsbinden zu einem glatten Rand auffüllen. Erhärten lassen.

3 Acrylfarbe mit weißem Sand mischen, die Masse soll fest, aber noch streichbar sein. Den Brunnenrand damit bestreichen. Nach dem Trocknen auf die Oberkante mit Heißkleber Kieselsteine kleben.

4 Die Pumpe mit den Saugnäpfen im Wasserbecken fixieren. Mit Heißkleber rundum einige Fliesenscherben kleben, damit die Pumpe nicht mehr zu sehen ist. Nur die Ausflussdüse steht ca. 2 cm über.

5 Durch den Dekofrosch mit einer spitzen Schere ein Loch bohren. Den Plastikschlauch durchstecken, das obere Ende schaut nur wenige Millimeter aus dem Froschmaul. Das untere Schlauchende kürzen und auf den Ausfluss stecken. Der Frosch sitzt jetzt auf den Fliesen und das Wasser spritzt durch sein Maul in die Mitte des Brunnenbeckens.

6 Den Brunnen mit Seerosen, Gräsern und Steinen verzieren.

Variations-Tipp

Besonders hübsch sieht der Seerosenteich aus, wenn Sie das Wasser mit einem Spritzer blauer Blumenfarbe einfärben.

Chinesischer Brunnen

→ mit Energie-Zeichen

MOTIVHÖHE
ca. 17 cm

MATERIAL
- Steinzeug-Ton in Weiß, ca. 2,5 kg
- Pappe für Schablonen
- Wellholz
- Töpfermesser
- Glasur in Rot, Weiß und Schwarz
- Pinsel
- Plastikschlauch, ø 5 mm bis 8 mm, ca. 20 cm lang
- Zimmerbrunnenpumpe, 10 l/min
- Kuchenplatte oder flache Schale in Weiß, ø 45 cm
- Frischhaltefolie
- 2 Holzleisten, 3 mm stark

VORLAGE SEITE 61

1 Nach Grundanleitung auf Seite 8/9 vorgehen. Eine Tonplatte mithilfe von Holzleisten auf Frischhaltefolie 3 mm stark auswalzen. Folgende Rechtecke für den großen Quader ausschneiden: 2 x 9,6 cm x 16,6 cm, 2 x 16,6 cm x 17 cm, 2 x 9,6 cm x 17 cm.
Für den mittleren Quader: 2 x 9,5 cm x 8,4 cm, 2 x 9,5 cm x 12,8 cm und 2 x 8,4 cm x 12,8 cm.
Für den kleinen Quader: 2 x 6 cm x 4,9 cm, 2 x 6 cm x 7,8 cm und 2 x 4,9 cm x 7,8 cm.

2 Wenn der Ton sich lederig anfühlt, die so entstandenen Platten zu zwei Quadern und einem Würfel, die jeweils unten offen sind, zusammenfügen. Jetzt die entstandenen Formen nach Abbildung räumlich versetzt aneinander fügen. Jeweils die Deckelplatte leicht eindrücken, damit sich dort Wasser sammeln kann. Damit das Wasser von Becken zu Becken laufen kann, werden nun mit dem Finger Verbindungskanäle geformt.

3 Auf den größten Quader oben ein Dreieck mit ca. 7 cm Kantenlänge aufsetzen. In dessen Mitte ein Loch mit einem Durchmesser von 5 mm bis 8 mm stechen, dadurch später den Wasserschlauch stecken.

4 Sechs Kugeln im Durchmesser 1,5 cm rollen und diese unten an die Ecken der Formen setzen.

5 Wer das Wasserbassin selbst herstellen möchte, kann eine weitere runde Tonplatte von ca. 5 mm Stärke und ca. 40 cm Durchmesser auswalzen. Den Rand 6 cm nach oben biegen, sodass eine flache Schüssel entsteht.

6 Mit Pauspapier die Schriftzeichen auf den Brunnen übertragen und einritzen.

7 Nach dem Schrühbrand den Brunnen nach Abbildung bemalen und ein weiteres Mal brennen, den Glasurbrand.

Variations-Tipp

Sie können auch andere Schriftzeichen auf den Brunnen schreiben. Vorlagen für Schriftzeichen finden Sie z. B. im Internet.

力
能
健

Felsenbrunnen mit Spiegelmosaik

→ wie ein Eisberg

MOTIVHÖHE
ca. 44 cm

MATERIAL
- Blumenschale aus Ton, ø 28 cm
- Mini-Tontopf, ø 4,5 cm
- Styropor, insgesamt ca. 30 cm x 20 cm
- Sperrholzplatte, ca. 5 mm stark, 30 cm x 30 cm
- wasserfester Sprühlack in Silber
- Deko-Kieselsand in Silber
- Packung Spiegelmosaik, Mix mit 2 cm x 2 cm und 1 cm x 1 cm
- Mosaikkleber
- wasserfeste Acrylfarbe in Grau und Weiß
- 3 bis 4 größere Steine
- Plastikschlauch, ø 1 cm, 40 cm lang
- Zimmerbrunnenpumpe, 10 l/min
- Sprühkleber
- Holzbohrer, ø 1 cm und 3 mm
- Rundfeile
- scharfes Messer
- Schnitzmesser

1 Die Schale abbürsten und staubfrei wischen. Mit dem Silberlack innen und außen besprühen. Den Lack dünn aufbringen, nach dem Trocknen eine zweite Schicht aufsprühen. Das Abflussloch in der Schale mit einem flachen Kiesel und Heißkleber oder Silikon bzw. Dichtungsmasse abkleben, damit kein Wasser mehr herausfließen kann.

2 Aus dem Sperrholz eine Scheibe, ø 25 cm, zuschneiden. Die Scheibe sollte im oberen Drittel der Schale aufsitzen, sodass darunter genug Platz für die Pumpe ist. In die Mitte ein Loch in Stärke des Plastikschlauchs bohren, am Rand mit dem Schnitzmesser eine Kerbe für das Pumpenkabel anbringen. Rund um das mittlere Loch mehrere kleine Löcher bohren, damit später das Wasser abfließen kann.

3 Die Holzscheibe mit Sprühkleber besprühen und dicht die silbernen Kiesel aufstreuen. Trocknen lassen.

4 Aus dem Styropor einen bizarren Turm schnitzen. In der Mitte ein Loch durchstechen, damit später der Plastikschlauch durchgesteckt werden kann. Alternativ verschiedenförmige Teile mit styroporgeeignetem Klebstoff zusammenkleben.

5 Oben in den Turm den Mini-Tontopf einpassen, dessen Abflussloch vorher mit der Rundfeile auf Schlauchgröße gefeilt wurde.

6 Den Turm zuerst mit grauer Farbe anstreichen. Nach dem Trocknen die weiße Farbe aufmalen, dabei sollen teilweise graue Stellen durchscheinen. Nach dem Trocknen stellenweise die Spiegelmosaiksteinchen aufkleben. Davor die entsprechenden Stellen mit dem Messer etwas aushöhlen, damit die Steine bündig mit der restlichen Fläche aufliegen.

7 Den Plastikschlauch durch den Turm führen, er endet oben im Mini-Tontopf. Das untere Ende durch die Holzscheibe stecken, entsprechend kürzen und auf das Ausflussstück der Pumpe stecken.

8 Die Pumpe mit Heißkleber auf den Boden der Blumenschale kleben. So viel Wasser einfüllen, dass die Pumpe bedeckt ist. Den Deckel samt Turm darauf setzen. Den Turm mit Heißkleber festkleben. Der Deckel bleibt herausnehmbar, damit der Wasserstand geprüft und nachgefüllt werden kann. Den Deckel evtl. mit einigen Steinen beschweren.

Einkaufs-Tipp

Falls Sie kein Styropor zu Hause haben, können Sie es auch im Baumarkt besorgen.

Bambusbrunnen

→ fernöstliche Harmonie

MOTIVHÖHE
ca. 25,5 cm

MATERIAL
- Fichtenholz, 2 cm stark, 1,50 m x 1 m
- Holzleiste, 1,5 cm stark, 2 cm breit, 1 m lang
- Bambusrohr, ø 2 cm, 2,50 m lang
- wasserfeste Acrylfarbe in Terrakotta
- matter Acryllack in Transparent
- wasserfester Holzleim
- Bast in Natur
- Kieselsteine in Grau und Weiß
- künstliche Orchideen
- Zimmerbrunnenpumpe, 5 l/min
- Plastikschlauch, ø 1 cm, 45 cm lang
- Holzbohrer, ø ca. 2 cm und 3 mm
- Gehrungssäge

VORLAGE SEITE 62

1 Vier Seitenteile, 23 cm x 11 cm, sowie eine Bodenplatte, 19,5 cm x 19,5 cm, und eine Abdeckplatte, 19 cm x 19 cm, zuschneiden. Die Seitenteile auf Gehrung zuschneiden. Boden und Seiten verleimen, mit Schraubzwingen über Nacht zusammenpressen. Vier 25 cm lange Holzleisten auf Gehrung schneiden (sodass zwei schräge Kanten aufeinandertreffen und zusammen einen rechten Winkel bilden). Die Leisten auf den Brunnenrand kleben.

2 Alle Fugen innen und außen mit Dichtungsmasse oder Silikon schließen. Die äußeren Kanten glatt schleifen.

3 Den Behälter dreimal mit der Acrylfarbe in Terrakotta innen und außen lackieren. Mit mattem Lack versiegeln.

4 In die Ränder der Abdeckplatte an zwei Seiten über Eck je eine Rundung im Durchmesser der Bambusstäbe bohren. In eine Ecke eine Kerbe für den Kabelausgang sägen. Mehrere kleine Löcher in die Mitte bohren, damit das Wasser ablaufen kann. Mit Heißkleber ein Dreieck mit weißen und eines mit grauen Kieseln bekleben.

5 Die Pumpe einpassen. Ein Ende des Plastikschlauches auf den Pumpenausgang stecken.

6 Das Bambusrohr in zwei 32 cm lange Stücke und acht 22 cm lange Stücke sägen. Die beiden längeren Stücke entsprechend der Ausschnitte in der Deckplatte an den Rand der Brunnenschale kleben. Vorher in einen Stab unten, etwa 2 cm vom Boden entfernt, und oben, etwa 2 cm vom oberen Ende entfernt, zwei Löcher bohren. Den Plastikschlauch durchschieben (siehe Skizze Seite 62).

7 An den beiden senkrechten Bambusrohren ein Rohr quer ankleben und mit Bast umwickeln. Dieses Rohr wird ebenfalls einmal an der Seite, die am Schlauchaustritt liegt und einmal in der Mitte mit einem Loch versehen, sodass man den Plastikschlauch durchschieben kann.

8 Sieben gleich lange Bambusstücke an einem Ende schräg abschneiden. Mit Bast oben und unten mehrmals umwickeln und fest zusammenbinden. Eines der unten liegenden Rohre bekommt ebenfalls ein Loch, durch das der Schlauch, der aus der Querstange hervorsteht, geschoben wird. Das untere Schlauchende auf die Auslassdüse der Pumpe stecken.

9 Bis gut über die Hälfte des Wasserbeckens Wasser einfüllen. Die Pumpe muss bedeckt sein. Den Wasserfluss ausprobieren, gegebenenfalls die Sprudelstärke an der Pumpe regulieren. Die Abdeckplatte einsetzen.

10 Den Brunnen passend mit echten oder künstlichen Orchideenblüten dekorieren.

Bastel-Tipp

Statt dem Holzbehälter können Sie auch eine fertige quadratische Blumenschale aus Ton oder Plastik verwenden.

Wasserwand

→ ein schöner Luftbefeuchter

MOTIVHÖHE
ca. 64 cm

MATERIAL
- OSB-Brett mit Nut und Feder, 1,5 mm stark, 12,5 cm x 67 cm
- Holzplatte aus wasserfest verleimtem Sperrholz (Multiplex), 2,4 cm stark, 23 cm x 23 cm (Gefäßboden)
- 4 Holzplatten aus wasserfest verleimtem Sperrholz (Multiplex), 2,4 cm stark, 23 cm x 6 cm (Seitenteile)
- 4 Holzleisten, 3 cm stark, 6 cm breit, je 23 cm lang
- Sperrholz (Multiplex), 2 cm stark, 12,5 cm x 4,2 cm (Sockel)
- Packung bunte Mosaiksteine, 1 cm x 1 cm
- wasserfester Holzleim
- wasserfeste Acrylfarbe in Blau, Weiß und Schwarz
- Mosaikkleber
- Fugenmasse in Weiß
- Zimmerbrunnenpumpe, 10 l/min
- Plastikschlauch, ø 1 cm, 1 m lang
- Silikon
- kleiner Nagel
- Spatel
- Gehrungssäge

1 Boden, Seitenteile und Leisten für den Wasserbehälter zusammenkleben. Über Nacht zwischen Schraubzwingen pressen. Die Fugen mit Silikon gut abdichten. Den Auffangbehälter zweimal lackieren. Die Farbe zwischen jeder Schicht trocknen lassen.

2 Das Brett für die Wasserwand weiß anstreichen. Mosaiksteine aufkleben, dann eine Schicht Fugenmasse ungleichmäßig mit dem Spatel aufstreichen.

3 Den Plastikschlauch durch den Hohlraum im hohen Brett schieben oder den Schlauch seitlich der Brettkante entlang nach oben führen und mit Heißkleber festkleben. Das obere Schlauchende steht etwa 1 cm über die Wasserwand hinaus. Es wird mit einem kleinen Nagel so hingebogen, dass es das Wasser über die Mosaiksteine lenkt. Das untere Ende kürzen und auf den Ausflussstutzen der Pumpe stecken.

4 In die Mitte des Sperrholzsockels für die Abdeckung einen Schlitz sägen, groß genug, damit die Wasserwand von oben durchgesteckt werden kann. Die Platte anpassen, damit sie locker in den Brunnenbehälter passt. Das Wasser sollte seitlich abfließen können. Den Sperrholzsockel zweimal schwarz lackieren.

5 Nach dem Trocknen den Sockel ungleichmäßig weiß und blau bemalen.

6 Das senkrechte hohe Brett ggf. mit Hilfe von zwei kleinen Holzleisten auf den Sockel im Wasserbehälter kleben. Die Pumpe hinter der Wasserwand mit Ausfluss zur Seite mit etwas Heißkleber auf den Brunnenboden kleben. Der Ausfluss muss zur Seite zeigen, da die Pumpe sonst zu hoch wäre. Den Schlauch auf der Wasserwand mit der Pumpe verbinden. Wasser bis über die Pumpe einfüllen. Die Abdeckplatte herunterschieben.

Einkaufs-Tipp

Ein OSB-Brett mit Nut und Feder benutzt man normalerweise zur Bodenverlegung. Sie erhalten es im Baumarkt.

Rechteckiger Brunnen

→ streng geometrisch

MOTIVHÖHE
ca. 45 cm

MATERIAL
- Keramikquader mit Schlauch und Pumpe, 10,5 cm x 10,5 cm, 29 cm hoch
- Keramikschale, 18,5 cm x 18,5 cm
- Glasmosaik in Orange und Hellgrün sowie unglasierte Steinzeug-Mosaiksteine in Weiß und Schwarz, ca. 0,15 m² (für 0,1 m² benötigt man ca. 750 g)
- Creaton in Weiß und Schwarz
- wasserfester Fliesenkleber auf Zementbasis in Grau
- wasserfeste Fugenmasse auf Zementbasis in Grau

1 Die Grundform besteht aus einem Keramikquader in einer rechteckigen Keramikschale mit Öffnung für Schlauch und Pumpe. Zu beziehen als Brunnen im Gartencenter oder aus dem Keramikladen. Die Pumpe liegt im Quader.

2 Mit Bleistift und Lineal auf jeder Seite mittig einen 1 cm breiten Streifen direkt auf den Zylinder zeichnen.

3 Nach Grundanleitung auf Seite 6/7 nur so viel wasserfesten Fliesenkleber auf Zementbasis anrühren, wie innerhalb der angegebenen Verarbeitungszeit verarbeitet werden kann. Den Kleber mit einem Modelliereisen möglichst gleichmäßig 1 mm bis 2 mm dick auftragen. Mit den Randteilen und den Steinchen für die bunten Streifen beginnen. Auf exakte Kanten achten!

4 Die restliche Fläche auffüllen. Immer nur eine Seite setzen und diese zuerst trocknen lassen, dann mit der nächsten Seite beginnen. Darauf achten, dass keine Steine über den Rand stehen. Die Wasserschale selbst wird nicht belegt.

5 Alles über Nacht trocknen lassen. Zum Verfugen graue Fugenmasse mit Wasser anrühren und diese am einfachsten mit Gummihandschuhen von Hand auftragen oder ein Schwammbrett benutzen. Die Fugenmasse etwas antrocknen lassen, ca. 5 bis 10 Minuten, und die überschüssige Fugenmasse mit einem leicht feuchten Schwamm abwaschen. Mit einem Schwammtuch nachreinigen und die Oberfläche mit einem trockenen Tuch nach ca. 10 Minuten polieren.

Bastel-Tipp

Kontrollieren Sie beim Setzen die Randsteine, indem Sie mit einer glatten Holzleiste vorsichtig dagegen drücken, sodass keine Steine über die Kanten stehen.

Leuchtturm

→ für maritimes Plätschern

MOTIVHÖHE
ca. 60 cm

MATERIAL
- Fichtenholz, 2 cm stark, 1 m x 1 m
- Sperrholz, 3 mm stark, 1,50 m x 1,50 m
- Rundholzstab, ø 3 mm, 70 cm lang
- Rundholzstab, ø 1,5 cm, 2 cm lang
- Rundholzstab, ø 3 cm, 5 cm lang (oder eine leere Garnrolle)
- Deckel einer Käseschachtel aus Spanholz, ø ca. 11 cm
- Styropor- oder Holzkugel, ø 6 cm, halbiert
- wasserfeste Acrylfarbe in Blau, Weiß und Rot
- matter Acryllack in Transparent
- wasserfester Holzleim
- Hammer
- kleine Nägel
- Dichtungsmasse
- dünne weiße Kordel, ø 2 mm, 1,50 m lang
- Zimmerbrunnenpumpe, 5 l/min
- Kieselsteine in Weiß
- Muscheln
- Schraubzwingen
- Holzbohrer, ø 3 mm
- Zirkel
- Gehrungssäge

VORLAGENBOGEN A+B

1 Für den Leuchtturm acht Seitenteile aus Sperrholz nach Vorlage zusägen. Eine Holzscheibe, ø 18 cm, für den Boden und eine Holzscheibe, ø 17 cm, für die mittlere Plattform zuschneiden. Jeweils in vier Seitenteile oben und unten wie angezeichnet mit dem Cutter kleine rechteckige Fenster ausschneiden. Die Umrandung für die acht Fenster aus den Sperrholzresten je 5 mm breit zuschneiden: obere Fenster: 2,1 cm und 3,1 cm lang; untere Fenster: 2,7 cm und 3,5 cm lang. Die Ecken auf Gehrung zuschneiden.

2 Die Seitenteile auf dem Boden mithilfe von Schraubzwingen zum Turm zusammenkleben. Die Kanten mit Spachtelmasse ausfüllen. Nach dem Trocknen glatt schleifen.

3 Aus der mittleren Plattform wie eingezeichnet ein Achteck ausschneiden. In den Rand acht kleine Löcher bohren. Das dünnste Rundholzstäbchen in acht ca. 3,5 cm hohe Stücke sägen. Die kleinen Stäbe in die vorgebohrten Löcher kleben. Die Plattform auf den Turm stecken.

4 Den Leuchtturm samt Boden wie im Foto rot-weiß bemalen. Die Fensterrahmen weiß bemalen. Die mittlere Plattform weiß streichen, den Rand rot. Die Geländerpfosten mit der Kordel verbinden, mit Klebstoff befestigen.

5 Für die oberste Leuchtturmplattform eine Holzscheibe entsprechend dem Durchmesser der Käseschachtel aussägen und diese auf die Schachteloberseite kleben. Beim Bohren der Löcher für die Pfosten ein Stück Holz unterlegen. Acht Pfosten, ca. 3,5 cm hoch, zusägen und wie bei der Plattform anbringen. Die Pfosten weiß bemalen und die Kordel rundum ankleben.

6 Für die Leuchtturmspitze den dicken Rundholzstab (ø 3 cm) weiß, den mittleren (ø 1,5 cm) und die halbe Styroporkugel rot anmalen. Alle Teile zusammenkleben und auf die obere Plattform kleben. Diese auf den Leuchtturm kleben.

7 Für den Auffangbehälter aus Fichtenholz die sechseckige Platte für den Boden und sechs Leisten für den Rand nach Vorlage zuschneiden. Je drei 9 cm hohe und 21 cm bzw. 25,5 cm lange Seitenteile. Die Kanten im entsprechenden Winkel sägen. Alle Teile mit Holzleim zusammenkleben, mit Schraubzwingen pressen und über Nacht trocknen lassen.

8 Für das Podest, auf dem der Leuchtturm steht, eine sechseckige Platte aus Sperrholz, ø 14 cm, zuschneiden. Ebenso sechs Stützen als Fundament, je 3 cm breit, mindestens 8 cm hoch und oben abgeschrägt, anfertigen. Prüfen Sie vorher, ob die Teichpumpe darunter passt! Die Beine mit kleinen Nägeln an der Unterseite der Platte befestigen oder anleimen.

9 Die Fugen des Brunnens innen und außen mit Dichtungsmasse oder Silikon bestreichen. Die äußeren Kanten nach dem Trocknen abschleifen. Den Brunnen innen dreimal mit blauer Farbe lackieren. Die Schichten jeweils gut trocknen lassen. Das Podest ebenfalls blau anstreichen. Brunnenaußenseiten und Kanten weiß lackieren, die Wellen aufmalen. Den Brunnen zum Schluss mit farblosem Acryllack überziehen.

10 Die Pumpe in der Mitte des Brunnens mit den Saugnäpfen befestigen. Das Podest darüber stellen. Wasser einfüllen und Pumpe anschalten. Das Wasser soll gegen die Podestunterseite spritzen und so Wellen verursachen. Den Brunnen mit Kieselsteinen und Muscheln verzieren. Den Leuchtturm auf das Podest stellen, eventuell mit Heißkleber festkleben.

Variations-Tipp

Sie können den Leuchtturm innen auch mit einer wasserfesten Lichterkette verzieren.

Kugelbrunnen

→ mit lustigen Türmen

MOTIVHÖHE
ca. 22 cm

MATERIAL
- Steinzeug-Ton in Weiß, ca. 2 kg
- Styroporkugelhälfte, ø 20 cm
- teilbare Styroporkugel, ø 15 cm
- Nylonstrumpf
- Wellholz
- Messer
- Plastikschlauch, ø 5 mm bis 8 mm, ca. 20 cm lang
- Zimmerbrunnenpumpe, 10 l/min
- Glasur in Orange, Gelb, Rot, Schwarz, Weiß, Blau, Hellblau und Grün
- 2 Holzleisten, 3 mm stark
- Frischhaltefolie

VORLAGENBOGEN B

1 Nach Grundanleitung auf Seite 8/9 vorgehen. Die Styroporhälften mit Nylonstrumpf überziehen. Tonplatten mithilfe der Holzleisten auf Folie gleichmäßig auswalzen und über die Hälften legen. Die Platten gut andrücken und den Rand unten abschneiden. Jetzt den Ton antrocknen lassen bis er sich gut von der Form löst. Danach die kleineren Hälften zusammenfügen. Die größere Hälfte nehmen, den Rand nach außen drücken und so die Schale vergrößern. Dadurch wird sie auch flacher.

2 Die Kugel nun in die Schale stellen und den Rand nach Abbildung weit nach oben biegen.

3 Die Kugel wieder herausnehmen und unten eine Öffnung einschneiden, um später die Pumpe unterzubringen. Daneben eine Vertiefung für das Kabel eindrücken und eine weitere für die Wasserzirkulation.

4 Oben ein Loch im Durchmesser des Schlauches, ca. 1 cm, für den Wasseraustritt einstechen.

5 Nach Trocknung und Schrühbrand die Türme aufzeichnen und die Fläche ringsum blau anmalen. Die Schale innen und außen gelb bemalen. Trocknen lassen, dann mit einem dünnen Pinsel die Konturen der Häuser zeichnen und sie farbig ausmalen. Wieder trocknen lassen und in den Glasurbrand geben.

Bastel-Tipp

Sie können getöpferte Objekte in vielen Bastelgeschäften brennen lassen. Falls es bei Ihrem Bastelfachhändler nicht geht, kann er bestimmt eine gute Adresse dafür nennen.

Sprudelstein-Brunnen

→ mit Blumen

MOTIVHÖHE
ca. 23 cm

MATERIAL
- Zimmerbrunnen in runder Keramikschale mit Bepflanzung und Sprudelstein aus Tuff, ø ca. 26 cm
- Steckschwamm
- Messer
- ca. 10 Blätter, ca. 60 cm lang
- Schnittblumen (Rosen, Margeriten, Gräser)
- Schleifenband in Orange, 5 cm breit, 1,60 m lang

HINWEIS
In diesem Brunnen waren großkugeliges Pflanzgranulat, Schiefersteine, Sprudelstein sowie die Pflanzen bereits vorhanden. Bei anderen Ausführungen ggf. einige Materialien ergänzen.

1 Den Pflanzkorb mit den Grünpflanzen aus dem Brunnengefäß nehmen. Die Pumpe und das Wasser befinden sich in einem separaten Behälter.

2 Einen Steckschwamm gut wässern, mit dem Messer zuschneiden und den Pflanzkorb damit ausfüllen. Die Blumenstiele auf ca. 3 cm kürzen, spitz anschrägen und dicht an dicht in den Schwamm stecken. Gräser dazwischen anbringen.

3 Das orangefarbene Schleifenband und die langen Blätter zu einem Gitter verflechten. Unten zwei „Zöpfe" anbringen. Die Blattenden oben sowie die Schleifenenden mit Draht zusammenbinden und in den Schwamm stecken. Das Geflecht lang herunterhängen lassen.

Anwendungs-Tipp

Der Zimmerspringbrunnen mit Blumendeko ist bei festlichen Ereignissen ein toller Hingucker. Anschließend können Sie den Brunnen wieder bepflanzen.

Japangarten

→ „In der Ruhe liegt die Kraft"

MOTIVHÖHE
ca. 40 cm

MATERIAL
- wasserfest verleimtes Sperrholz (Multiplex), 2,4 cm stark, 22,5 cm x 22,5 cm (Boden)
- 4 Holzstücke aus wasserfest verleimtem Sperrholz (Multiplex), 2,4 cm stark, 22,5 cm x 6 cm (Seiten)
- 4 Holzleisten, 2 cm stark, 25 cm x 3 cm (Rand)
- Holzstück, 8 cm stark, 12 cm x 12 cm (Sockel)
- wasserfester Holzleim
- Sprühkleber
- Schutzlack in Transparent
- wasserfeste Acrylfarbe in Schwarz und Weiß
- Gehrungssäge
- 3 Styroporstücke, 8 cm x 5 cm, 5 cm, 9 cm und 12 cm hoch
- scharfes Messer
- Acrylfarbe mit Granitoptik
- Zimmerbrunnenpumpe, 5 l/min
- Schiefersteine
- Kieselsteine mit Nassoptik
- Glücksbambus

VORLAGE SEITE 62

1 Die vier Holzleisten mit einer Gehrungssäge auf Gehrung schneiden.

2 Die vier Seitenteile an den Gehrungskanten zu einem quadratischen Rahmen zusammenkleben. Mit Schraubzwingen fixieren, bis der Kleber trocken ist, siehe Produktanleitung. Den Rahmen bündig auf die Bodenplatte kleben, ebenfalls fixieren und gut trocknen lassen.

3 Den Brunnenkasten innen zwei- bis dreimal mit farblosem Schutzlack bestreichen. Die Lackschichten jeweils gut trocknen lassen. Zuletzt zwei Schichten schwarzen Acryllack auftragen.

4 Ausprobieren, ob der Holzkasten wasserdicht ist. Andernfalls alle inneren Kanten mit Dichtungsmasse abdichten.

5 Die nummerierten Schriftzeichen nach Skizze mit Bleistift vorzeichnen. Mit weißer Acrylfarbe nachziehen. Der Schriftzug bedeutet: In der Ruhe liegt die Kraft. Das Holzstück für den Sockel ebenfalls schwarz lackieren.

6 Aus Styropor mit dem Messer drei unterschiedlich große „Steine" zuschneiden. Mit Granitfarbe anmalen, trocknen lassen.

7 Die Pumpe mit den Saugnäpfen in einer Ecke des Holzkastens platzieren, sodass das Elektrokabel möglichst unauffällig über den Rand geführt und mit Dekomaterial versteckt werden kann.

8 Den Kasten mit Wasser füllen, die Richtung des Wasserflusses überprüfen. Das Wasser soll später sachte über die Schiefertreppe plätschern. Gegebenenfalls die Pumpe höher oder niedriger stellen und weiter in die Mitte rücken, falls das Wasser über den Brunnenrand spritzt.

9 Die Styroporsteine um die Pumpe arrangieren und mit Heißkleber befestigen. Von der gegenüberliegenden Ecke aus mit Schiefersteinen eine Treppe zur und über die Pumpe kleben. Sie soll verdeckt sein, nur die Wasserauslassdüse schaut hervor.

10 Den Brunnenboden mit Sprühkleber besprühen und Kiesel aufstreuen, trocknen lassen. Den Glücksbambus mit Heißkleber am höchsten Styropor-Stein befestigen. Den Brunnen bis zu zwei Dritteln mit Wasser füllen. Auf den Sockel leimen.

Variations-Tipp

Falls Ihnen das Schwarz zu trist ist, können Sie den Brunnen auch dunkelrot streichen. Statt des selbst gebauten Holzgefäßes können Sie auch gekaufte Ton- oder Plastikgefäße gestalten.

力在於靜

Kugelbrunnen mit Fischen

→ Goldfische bringen Glück und Reichtum

MOTIVHÖHE
ca. 35 cm

MATERIAL
- Keramikbrunnenkugel, ø 22 cm, mit Öffnung für Schlauch, Pumpe und Keramikschale, ø ca. 35 cm
- Glasmosaik in Blau-, Grün-, Rot- und Orangetönen, Schwarz und Braun, ca. 0,4 m²
- einige Spiegelmosaiksteine
- Zimmerbrunnenpumpe, 5 l/min
- wasserfester Fliesenkleber auf Zementbasis in Grau
- wasserfeste Fugenmasse auf Zementbasis in Grau

VORLAGENBOGEN A

1 Die Grundform besteht aus einer Keramikschale und einer Keramikkugel mit Öffnung für Schlauch und Pumpe. Die Pumpe liegt in der Vertiefung der Schale unter der Kugel. Fertige Keramikzimmerbrunnen haben den Vorteil, dass Technik und Konstruktion bereits vorhanden sind und nur die Oberfläche gestaltet wird.

2 Die Figuren mit Bleistift direkt auf die Kugel zeichnen oder den Entwurf mit Kohlepapier übertragen.

3 Nach Grundanleitung auf Seite 6/7 so viel wasserfesten Fliesenkleber auf Zementbasis anrühren, wie innerhalb der angegebenen Verarbeitungszeit verarbeitet werden kann. Den Kleber mit einem Modelliereisen möglichst gleichmäßig 1 mm bis 2 mm dick auftragen.

4 Mit den Fischmotiven beginnen. Als nächstes die Pflanzenteile nach Abbildung aufsetzen und alle gesetzten Teile mit der Hintergrundfarbe umrunden. Dabei auch einige Spiegelmosaiksteine einarbeiten. Die Schlauchöffnung oben mit konisch zugeschnittenen Steinen einfassen. Mit dem Handballen vorsichtig auf die frisch gesetzten Steine drücken und dadurch die Oberfläche glätten.

5 Bei der Wasserschale mit der Abschlussreihe oben beginnen und Reihe für Reihe nach unten arbeiten. Auch wieder Spiegelsteine einarbeiten. Darauf achten, dass keine Steine über den Rand stehen. Kugel und Schale abwechselnd bearbeiten. Das hat den Vorteil, dass die bereits gesetzten Teile immer wieder trocknen können.

6 Alles über Nacht trocknen lassen. Zum Verfugen graue Fugenmasse mit Wasser anrühren und diese am einfachsten mit Gummihandschuhen von Hand auftragen. Die Fugenmasse etwas antrocknen lassen, ca. 5 bis 10 Minuten. Überschüssige Fugenmasse mit einem leicht feuchten Schwamm abwaschen. Mit einem Schwammtuch nachreinigen und die Oberfläche nach ca. 10 Minuten mit einem trockenen Tuch polieren.

Einkaufs-Tipp

Keramikschale und Keramikkugel mit Öffnung für Schlauch samt Pumpe erhalten Sie als Brunnen im Gartencenter.

Falls Ihre Kugel einen anderen Durchmesser hat, können Sie über die Fläche der Kugel ausrechnen, wie viele Mosaiksteine Sie brauchen. Die Kugeloberfläche berechnen Sie mit folgender Formel: $4 \times r^2 \times 3{,}14$. Dabei steht „r“ für den Radius der Kugel. Pro 0,1 m² benötigen Sie ca. 750 g Mosaiksteine.

Faszination Wasser

Den Römern lag sehr an frischem Wasser. Daher leiteten sie Quellwasser aus den Bergen in die Städte. Viele dieser Aquädukte sind noch heute erhalten.

Ein stiller See, ein munter plätschernder Bergquell oder gewaltige Meereswogen – Wasser in seinen verschiedensten Formen übt auf Menschen eine große Anziehungskraft aus. Vielleicht liegt das in unseren Genen begründet, ist Wasser doch das Element, aus dem das Leben kommt und das alles am Leben erhält. Schon unsere Urväter wussten um diese Bedeutung und hielten deshalb Quellen für heilig und heilend.

Heilige Orte

Quellen waren für unsere Vorfahren Sitz der Nymphen und Götter und im Sprudeln des Wassers sahen sie deren Wirken. Christen erbauten an ursprünglich als heilig verehrten Quellen oftmals ihre Kirchen. Große Künstler ließen sich vom Wasser und seinem Mythos inspirieren und schufen prachtvolle Kunstwerke. Zu den herausragendsten zählt der Herkulesbrunnen in Augsburg von Adrian de Vries.

Brunnen – Quellen des Lebens

Wo nicht bereits Flüsse, Seen oder Quellen vorhanden waren, wurde nach dem kostbaren Nass gegraben. Zieh-, Lauf-, Schöpf- und später Pumpbrunnen entstanden. Wo Wasser war, siedelten sich Menschen und Tiere an. Heute sehen wir die Wasserversorgung als selbstverständlich an. Wir drehen den Wasserhahn auf und haben so viel Wasser wie wir wollen. Vorreiter dafür waren die Griechen und Römer in der Antike. Eines der bekanntesten griechischen Bauwerke dieser Art ist der Tunnel des Eupalinos. Er wurde um 550 v. Chr. zur Versorgung der Stadt Samos, dem heutigen Pythagorion, gebaut. Die erste römische Wasserleitung, die Aqua Appia, errichtete Censor Appius Claudius Caesus im Jahre 312 v. Chr. Mit dem Wachstum der Stadt entstanden immer mehr Aquädukte. Zur Zeit des Kaiser Konstantin existierten bereits 19 Aquädukte, die etwa 1200 Brunnen, elf Thermen und über 900 öffentliche Bäder mit Frischwasser versorgten.

Orte der Begegnung

Waren Brunnen für unsere ersten Vorfahren ausschließlich wichtiges Mittel zur Wasserbeschaffung, kam ihnen hier in Deutschland spätestens mit der Entstehung des Dorfbrunnens unter dem Lindenbaum eine weitere Bedeutung zu. Hier traf man sich zu Geselligkeiten und tauschte Neuigkeiten aus. Angeregt vom friedlichen Plätschern des Wassers wurden Volks- und Liebeslieder angestimmt (z. B. „Am Brunnen vor dem Tore").

Architektonische Wunderwerke

Brunnen üben eine große Faszination aus. Die konstante Bewegung des Wassers, die verschiedenartigen Geräusche und die funkelnden Effekte, wenn sich das Licht in den Wasserspritzern fängt, schmeicheln Auge und Ohr. In der Renaissance und vor allem der Barockzeit entstanden hauptsächlich Figurenbrunnen, meist mit Gestalten aus der antiken Meeresmythologie. Wie etwa Neptun, dem Beherrscher der Wogen und Wellen, Nymphen mit Füllhorn als Sinnbild der Fruchtbarkeit und die Trionen, die – halb Mensch, halb Fisch – die Meerespferde mit dem Wagen des Neptun lenken.

In der frühen Neuzeit wurde die Freude am Wasser in der Garten- und Landschaftsarchitektur ausgelebt. Es entstanden weit verzweigte Wasseranlagen, die über ausgeklügelte mechanische Systeme gespeist wurden. So unterteilt sich der Garten der Villa d'Este in Rom in fünf steile, von Kaskaden begleitete Terrassen. Das Wasser fängt sich in einem Becken und bildet theatralische Fontänen-Bilder. Das Murmeln, Plätschern und Rauschen der vielfältigen Wasserspiele verursachte verschiedene Klangbilder, die damals häufig noch von den Melodien einer Wasserorgel untermalt wurden.
Im französischen Versailles pumpte man mit Wassermaschinen das Wasser aus der Seine hoch, um damit Springbrunnen, Fontänen und Wasserspiele im Schlosspark zu speisen. Wegen der häufigen Wasserknappheit wurden sie jeweils nur dort eingeschalten, wo König Ludwig XIV. gerade spazieren ging. Angeblich war er Zeit seines Lebens der Meinung, dass alle Wasserspiele zugleich im Einsatz seien. Die Wassergärten in Nymphenburg, Schleißheim und Sanssouci entstanden nach französischen und italienischen Vorbildern.
Da im antiken Rom die Endpunkte der Wasserleitungen mit prachtvollen Brunnen betont wurden, gibt es in Rom auch heute noch viele sehenswerte Brunnen. Einer der größten und berühmtesten Brunnen ist die „Fontana di Trevi". Er wurde so gebaut, dass das Wasser wie über eine Küstenlandschaft ins „offene Meer" fließt. Der Kreislauf des Wassers symbolisiert die Ewigkeit und die Lebenskraft Roms. Auch heute noch ist es Brauch, dass Fremde am Tag vor ihrer Abreise mit der rechten Hand über die linke Schulter hinweg eine Münze in den Brunnen werfen, um die Glücksgöttin gnädig zu stimmen.

Die großzügig angelegte Fontana di Trevi wurde 1732-51 von Nicola Salvi in Rom gebaut. In der Mitte sieht man Neptun, der in einem von Meerespferden gezogenen Wagen steht.

GARTEN UND TERRASSE

Auch in kleinen Gärten sorgt plätscherndes Wasser für eine angenehme Stimmung. Selbst auf dem kleinsten Balkon findet sich dafür ein Plätzchen. Sie können eine schöne Schale mit Wasser füllen und Schwimmkerzen und einige Blumen darin platzieren.

Brunnen mit Stern

→ für den Garten

MOTIVHÖHE
ca. 18 cm

MATERIAL
- Betonplatte (gegossen), 2,5 cm stark, ø 40 cm
- Blumenschale, ø 32 cm, 13 cm hoch (Mittelteil)
- Blumenschale, ø 48 cm, 10 cm hoch (Auffangschale)
- Spiegelscherben aus ca. 4 Spiegelfliesen, 20 cm x 20 cm
- Fliesenscherben aus ca. 2 Fliesen in Hellblau, 2 Fliesen in Hellbraun und Scherben in Rosa, Hellgrün, Mittelblau, Hellbeige gemustert und Hellbeige
- 46 Mosaikfliesen in Hellgrün, 2,5 cm x 2,5 cm (Rand)
- Fliesenkleber zum Anrühren oder fertiger Dispersionsfliesenkleber
- Fugenmasse in Grau
- Teichpumpe, 10 l/min
- Plastikschlauch, ø 1,5 cm, ca. 8 cm lang

VORLAGENBOGEN A

1 Für den oberen Teil des Brunnens eine Betonplatte besorgen oder selbst gießen, siehe Tipp.

2 Das Sternmuster nach Vorlage auf die Betonplatte übertragen.

3 Nach Grundanleitung auf Seite 6/7 vorgehen. Zuerst den Rand der Betonplatte mit den hellgrünen Mosaikfliesen arbeiten. Einen kleinen Teil des Fliesenklebers anrühren und den Rand der Platte ca. 3 mm dick bestreichen. Die Steine im Abstand von ca. 2 mm bis 3 mm vorsichtig eindrücken.

4 Fliesenstücke und Spiegelstücke zerschlagen und mit der Mosaikzange in kleine Stücke brechen.

5 Das Sternmotiv an den Außen- und Innenlinien der Sternzacken beginnen. Die Außenlinien und den Kreis um das Mittelloch mit kleinen rechteckigen Spiegelstückchen, die Innenlinien mit kleinen rechteckigen, hellgrünen Fliesenstücken bekleben. Die Fläche dazwischen mit unregelmäßigen blauen und rosafarbenen Stücken füllen.

6 Anschließend den Hintergrund um den Stern nach Belieben in Hellbeige, Hellbraun und Hellgrün gestalten. Einige gemusterte Scherben einarbeiten.

7 Die kleinere Blumenschale, die den Mittelteil des Brunnens bildet, umgekehrt aufstellen und die Außenfläche rundherum mit dreieckigen Spiegel- und hellblauen Fliesenstücken bekleben.

8 Nach dem Aushärten des Fliesenkleber (nach frühestens einem Tag) beide Teile verfugen. Wieder einen Tag aushärten lassen.

9 Beide Teile in die große Blumenschale stellen (siehe Abbildung), den Schlauch und die Wasserpumpe einsetzen. Das Stromkabel führt aus der unteren Schale heraus. Mit Wasser füllen und in Betrieb nehmen.

Bastel-Tipp

Für die Bodenplatte zunächst auf einer 50 cm x 50 cm großen Holzplatte einen Kreis von 40 cm Durchmesser aufzeichnen. Ton kneten, mit dem Rundholz ca. 2 cm stark ausrollen und ca. 5 cm breite Streifen schneiden. Mit den Streifen rund um den aufgezeichneten Kreis einen ca. 4 cm hohen Rand aus Ton legen. Zur Stabilisierung Dreiecke schneiden und zum Abstützen verwenden. Übergänge mit dem Spachtel verbinden. Mit Spülmittel ausglätten, den Beton dick anmischen und ca. 2,5 cm hoch hineingießen. Dabei in der Mitte für das 1,8 cm große Loch durch ein Röhrchen in diesem Durchmesser einen Platz aussparen. Zum Schluss mit einem feuchten Tuch gleichmäßig abdecken, damit der Beton beim Trocknen nicht reißt. Nach ca. fünf Tagen vorsichtig aus der Form lösen.

Frosch am Teich

→ „Männeken Piss“

MOTIVHÖHE
ca. 1,50 m

MATERIAL
- wasserfest verleimte Spanplatte, 1,5 cm stark, 1 m x 80 cm
- wasserfeste Acrylfarbe in Gelb, Grün, Schwarz, Braun, Weiß und Blau
- matter Klarlack
- Zweikomponentenkleber
- Holzkitt
- 2 Kupferrohre, ø 2 cm, 80 cm und 75 cm lang (Beine)
- Sand
- Kupferrohr, ø 2 cm, 90 cm lang (Arme)
- Hammer
- kleine Nägel
- Holzbohrer, ø 2 cm

VORLAGEN-BOGEN B

1 Die Formen für Rumpf, Kopf, Shorts und Hände mit Transparent- oder Kopierpapier auf das Holz übertragen. Kopf, Hand und den Rumpf einmal, die Shorts zweimal mit der Stichsäge aussägen. In die Mitte eines Short-Teiles von unten eine ca. 15 cm hohe und 2 cm breite Kerbe sägen (darin verschwindet später das Rohr). Alle Kanten mit Schleifpapier glätten. Das vordere, geschlitzte und das hintere Hosenteil auf den Rumpf kleben. Den Kopf am Rumpf wie abgebildet anbringen.

2 Zwei Beine aus Kupferrohr zusägen: Das Standbein, mit dem der Frosch in den Boden gesteckt wird, ist etwa 80 cm lang, das zweite ca. 75 cm lang.

3 Das kürzere Bein auf Kniehöhe leicht abwinkeln. Das Rohr dazu mit Sand füllen und zum Beispiel gegen einen Baumstamm drücken. Den Sand wieder herausrieseln lassen. Das obere Ende des geknickten Beines nach ca. 6 cm rechtwinkelig umbiegen (oder im Baumarkt biegen lassen).

4 In die Kerbe am Short-Vorderteil das Rohr mit dem rechtwinkelig gebogenen Ende legen und mit Zweikomponentenkleber fixieren. An das untere Ende später den Gartenschlauch aufstecken. Die Kerbe mit Holzkitt zuspachteln. Die Oberfläche nach dem Trocknen glatt schleifen.

5 Figur und Hand vorlackieren und trocknen lassen. Vor dem Auftragen der zweiten Lackschicht die Flächen und Kanten mit feinem Schleifpapier aufrauen. Auf den getrockneten Untergrund Gesicht und Bauchnabel aufmalen, die Shorts vorne und hinten mit einem Palmenmuster verzieren. Die Hosenbeine einzeichnen.

6 Für die Arme das 90 cm lange Rohr zu einem nicht ganz geschlossenen Kreis biegen. An einem Ende die Hand befestigen. Dazu vorher in das „Handgelenk“ ein Loch bohren, Zweikomponentenkleber hineingeben und die Hand auf das Rohr stecken. Die Rohrmitte liegt auf dem Froschrücken (hinter dem Kopf) und wird dort mit Klebstoff und mit zwei kleinen Nägeln befestigt. Der Arm mit der Hand ist vor dem Hosenschlitz. Das andere Arm- bzw. Rohrende wird seitlich an die Hüfte geschraubt.

Bastel-Tipp

Zum Sägen klebt man am besten die vorgesehene Schnittlinie mit Klebestreifen oder Malerkrepp glatt ab, so kann das Holz an der Schnittlinie nicht ausreißen.

Kugelfisch

→ schön bunt

MOTIVHÖHE
ca. 25 cm

MATERIAL
- Steinzeug-Ton in Weiß, ca. 2 kg
- Styroporei, teilbar, ca. 15 cm hoch
- Steinzeug-Glasur in Hellblau, Dunkelblau, Orange, Grün und Rot
- Plastikschlauch, ø ca. 8 mm, Länge je nach Entfernung vom Wasserhahn
- je 2 Holzleisten, 5 mm und 8 mm stark
- Wellholz
- Frischhaltefolie
- Messer
- Modellierwerkzeug
- Pappe für Schablonen

VORLAGENBOGEN A

1 Nach Grundanleitung auf Seite 8/9 vorgehen. Die Tonplatten mithilfe von Holzleisten ca. 5 mm stark auswalzen und über die Eihälften legen und anpassen. Den Ton lederig antrocknen lassen, bis er sich gut von der Form löst. Beide Tonhälften zu einem Hohlkörper zusammensetzen.

2 Eine 8 mm starke Platte auswalzen, mithilfe von Schablonen Flossen, Rückenflossen und Schwanz ausschneiden. Alle Linien in die Flossen ritzen und mit den Fingern nachformen. Bei der Schwanzflosse das obere und untere Ende wulstig ausarbeiten.

3 Die Flossen an den Fischkörper anbringen und die Übergänge gut verstreichen.

4 Den Mund und die Augen mit dem Messer aufschneiden und mit nassen Fingern die Lippen formen. Die Nase und zwei Tonwülste oberhalb der Augen aufsetzen. Als Wangen zwei kleine Halbkugeln aufsetzen und die Übergänge gut verstreichen.

5 Nach dem Trocknen im Schrühbrand brennen. Nach Abbildung mit einem Pinsel glasieren und einen Glasurbrand machen.

Variations-Tipp

Sie können auch zusätzlich kleine Muster in den Fisch ritzen. Falls Sie den Fisch lieber drinnen verwenden möchten, können Sie unten ein Loch für die Wasserpumpe einschneiden und den Fisch in eine Schale stellen. Den Schlauch dann vorsichtig so ausrichten, dass der Wasserstrahl in der Schale landet.

Wasserpilz

→ hübscher Farbtupfer

MOTIVHÖHE
ca. 30 cm

MATERIAL
- große Blumenschale aus Ton mit gewellter Außenwand, ø 20 cm
- Tontopf, ø 21 cm
- Tontopf, ø 15 cm
- Metallfeile
- Rundfeile
- Zweikomponentenkleber
- matter Sprühlack
- wasserfeste Acrylfarbe in Weiß und Rot
- Gartenschlauch, ø ca. 1 cm, Länge je nach Entfernung vom Wasserhahn

VORLAGE SEITE 63

1 Den großen Topf auf den Kopf stellen, den kleinen mit der Öffnung nach oben darauf stellen. Die Abflusslöcher sollen übereinander stehen. Die Löcher mit einer Feile vorsichtig vergrößern, damit man den Gartenschlauch durchstecken kann. Die Töpfe mit Zweikomponentenkleber aufeinander kleben.

2 Die zusammengeklebten Töpfe mit Acrylfarbe weiß anstreichen. Das Abflussloch der Blumenschale ebenfalls mit der Rundfeile erweitern. Dann die Außenseite der Schale rot bemalen. Nach dem Trocknen weiße Punkte aufbringen. Alles gut trocknen lassen und mit mattem Lack besprühen.

3 Den Pilzkopf mit Zweikomponentenkleber auf den Fuß kleben. Den Gartenschlauch durch die Ablauflöcher führen.

4 Den Pilz am Teichrand aufstellen, am besten auf einigen gleich großen Steinen, damit der Schlauch möglichst unsichtbar unter Wasser verlegt werden kann. Der Pilz steht im niedrigen Wasser oder auf Stützen.

Anwendungs-Tipp

Der Pilz eignet sich bestens zum Bewässern des Rasens. Dazu stellen Sie ihn leicht erhöht auf Steine, damit darunter der Schlauch zugeführt werden kann. Von Zeit zu Zeit sollte der Pilz den Stellplatz wechseln.

Wasserspuckendes Pferd

→ fröhlich

MOTIVHÖHE
ca. 87 cm

MATERIAL
- wasserfest verleimte Spanplatte, 1,5 cm stark, 1,50 m x 1,50 m
- wasserfester Holzleim
- wasserfeste Acrylfarbe in Braun, Dunkelbraun, Schwarz und Weiß
- Kupferrohr, ø 1,5 cm, 2 m lang
- Plastikschlauch, ø ca. 6 mm, 1,50 m lang
- Spachtelmasse
- Zweikomponentenkleber
- Metallsäge
- Oberfräse

VORLAGEN-BOGEN B

1 Das Pferd besteht aus drei Teilen: zwei Seitenteilen mit den Beinen und einem Mittelteil mit Kopf und Schwanz. Die Vorlagen mit Transparentpapier und Kopierpapier auf das Holz übertragen. Alle Teile aussägen. Die Kanten mit Schleifpapier glätten.

2 Mit einer Oberfräse durch den Hals bis zum Bauch eine 1,5 cm breite Rille fräsen, in der der Plastikschlauch verlegt wird. Ebenfalls in die Innenseite des linken Körperteils eine Rille fräsen. Wer keine Fräse besitzt, kann Schnitzwerkzeug verwenden.

3 Vier ca. 40 cm lange Rohrstücke mit der Metallsäge zusägen. Das Rohr für das linke Vorderbein in Kniehöhe leicht abbiegen. Den Schlauch durchschieben und dann in den eingefrästen Rillen bis zum Pferdemaul nach oben legen. Das Ende steht etwa 2 cm über, das etwas längere untere Ende wird aus dem Bein nach außen geführt. Es wird später mit einem passenden Zwischenstück mit dem Gartenschlauch verbunden.

4 Die Einfräsung am Hals mit dem eingelegten Schlauch zuspachteln, nach dem Trocknen glatt schleifen. Nun die drei Körperteile zusammenkleben, der Körper mit Kopf und Schwanz liegt in der Mitte.

5 Das Pferd zwei- bis dreimal mit brauner Farbe streichen. Die Schichten dazwischen immer trocknen lassen. Den Schwanz und die Mähne schwarz malen. Augen und Felltupfen anbringen.

6 Für die restlichen drei Rohrbeine jeweils eine Vertiefung in die Holzbeine bohren, die Rohre mit Zweikomponentenkleber einkleben.

Einkaufs-Tipp

In Bau- und Gartenmärkten wird speziell vorbereitetes Holz für die Gartengestaltung angeboten. Ein Vorteil dieser vorgefertigten Teile ist, dass das Holz durch eine Imprägnierung schon wettergeschützt ist. Häufig bekommen Sie die Teile dort auch zugeschnitten.

Tontopf-Pyramide

→ gelingt einfach

MOTIVHÖHE
ca. 40 cm

MATERIAL
- Tontopf, ø 21 cm
- Tontopf, ø 19 cm
- Tontopf, ø 17 cm
- Tontopf, ø 15 cm
- Steckschwamm
- wasserfeste Acrylfarbe in Blau
- Teichpumpe, 10 l/min
- Kraftkleber
- Plastikschlauch, ø ca. 1 cm, 20 cm lang
- Plastikfolie, 20 cm x 20 cm (Müllsack)
- Kieselsteine
- künstliche Efeuranken
- ggf. Glasnuggets
- Rundfeile
- Dichtungsmasse

1 Die drei großen Töpfe mit heißem Wasser sauber schrubben. Nach dem Trocknen innen und außen bemalen.

2 Den größten Topf innen mit Dichtungsmasse oder Silikon und Plastikfolie wasserdicht abkleben. Die Teichpumpe hineinstellen und mit einigen Steinen fixieren.

3 Aus dem Steckschwamm Stücke schneiden, diese um die Pumpe stecken, sodass die Pumpe fest steht und Wasserausfluss und Steckschwamm eine Linie bilden. Darauf achten, dass kein Schwamm vor der Ansaugstelle der Pumpe liegt, sonst kann sie kein Wasser ziehen.

4 Den Plastikschlauch auf die Ausflussdüse der Pumpe stecken und durch den Boden des zweitgrößten Topfes stecken. Das Abflussloch eventuell größer feilen. Mit Dichtungsmasse die Fuge zwischen Schlauch und Abflussloch verschmieren. Den Topf ausbalancieren, zwischen Steckschwamm und Steinen festklemmen.

5 In diesen zweiten Topf den kleinen Tontopf (ø 15 cm) kopfüber stellen. Den Schlauch wieder durch das Loch des Blumentopfes führen. Auf diesen Topf den letzten Tontopf mit der Öffnung nach oben stellen. Den Schlauch wieder durch das Abflussloch schieben, den Zwischenraum abdichten. Der Plastikschlauch steht etwa 2 cm über den obersten Topfrand.

6 Zur Probe alle drei Töpfe mit Wasser füllen, die Pumpe anstellen, das Wasser soll über die beiden oberen Topfränder laufen und sich wieder im unteren Topf sammeln.

7 Die Kieselsteine seitlich in die Töpfe füllen. Eventuell einige Glasnuggets darauf legen. Den Brunnen mit echten oder künstlichen Efeuranken dekorieren.

Schildkröte

→ beleuchtbar

1 Die Styroporkugel innen mit Modelliermasse auskleiden. Die Glasnuggets in die noch weiche Masse drücken.

2 Die hart gewordene Form aus dem Styropor lösen. Mit der Bohrmaschine Löcher über den Panzer verteilt bohren. Vor allem in der Mitte.

3 Für Kopf und Füße aus der Modelliermasse Kugeln rollen, flach drücken und an den Körper kleben. Die Schildkröte golden anmalen. Nach dem Trocknen schwarze und blaue Punkte um die Löcher im Panzer tupfen, den Rand unten herum ebenfalls verzieren. Augen aufmalen, zwei kleine Perlen aufkleben. Die Schildkröte mit hitzebeständigem Lack überziehen.

4 Die Lichterkette darunter legen.

MOTIVHÖHE
ca. 40 cm

MATERIAL
- 1/2 hohle Styroporkugel, ø 18 cm
- lufthärtende Modelliermasse (z. B. efaplast von Faber)
- 8 Glasnuggets in Orange
- 2 Rocailles in Schwarz, ø 2 mm
- wasserfeste Acrylfarbe in Gold, Schwarz und Blau
- Acryllack in Transparent
- Mini-Lichterkette mit Batteriefach
- Holzbohrer, ø 1 cm

Brunnenkugel

→ Kunst im Garten

MOTIVHÖHE
ca. 25 cm

MATERIAL
- Betonkugel, ø ca. 25 cm
- Glasmosaik in Weiß, Schwarz, Grau-, Rosa-, blau- und Lilatönen, ca. 1,5 kg oder 0,2 m²
- kleine Kieselsteine
- Glassteinchen in Blau, ø 1 cm
- wasserfester Fliesenkleber auf Zementbasis in Grau
- wasserfeste Fugenmasse auf Zementbasis in Grau
- Schlauch, ø ca. 2 cm, 35 cm lang
- Teichpumpe, 10 l/min

1 Die Grundform besteht aus einer gegossenen, massiven Betonkugel mit einer passenden Bohrung für den Schlauch. Die Kugel steht auf Steinen in einem Wasserbecken oder im Teich. Die Pumpe liegt im Wasserbecken oder auf dem Teichboden.

2 Zuerst mit Bleistift die Blütenblätter auf den Betonrohling zeichnen. Nur so viel wasserfesten Fliesenkleber auf Zementbasis anrühren wie innerhalb der angegebenen Verarbeitungszeit verarbeitet werden kann. Den Kleber mit einem Modelliereisen möglichst gleichmäßig 1 mm bis 2 mm dick auftragen. Mit den Blattmotiven beginnen. Als nächstes den Hintergrund mit blauen und schwarzen Mosaiksteinen sowie Glasnuggets und Kieseln gestalten. Um die Öffnung herum konisch zugeschnittene Steine setzen. Alles über Nacht trocknen lassen.

3 Zum Verfugen graue Fugenmasse mit Wasser anrühren und diese am einfachsten mit Gummihandschuhen von Hand auftragen. Die Fugenmasse etwas antrocknen lassen (ca. 5 bis 10 Minuten) und die überschüssige Fugenmasse mit einem leicht feuchten Schwamm abwaschen. Mit einem Schwammtuch nachreinigen und die Oberfläche nach ca. 10 Minuten mit einem trockenen Tuch polieren.

Bastel-Tipp

Glätten Sie die Oberfläche, indem Sie mit dem Handballen vorsichtig auf die frisch gesetzten Steine drücken. Beim Arbeiten tun Sie sich leichter, wenn Sie die Kugel auf einen Drehteller setzen.

Die Kugeloberfläche berechnen Sie mit folgender Formel: $4 \times r^2 \times 3{,}14$. Beachten Sie auch das Gewicht der Betonkugel. Eine Kugel mit 25 cm Durchmesser wiegt bereits ca. 18 kg.

Einkaufs-Tipp

Die gegossene, massive Betonkugel mit Bohrung für den Schlauch erhalten Sie im Baumarkt oder im Betonwerk.

VOGELTRÄNKEN

Bringen Sie Leben in Ihren Garten! Locken Sie Vögel mit einer Vogeltränke an, sie werden Ihnen besonders im Sommer dankbar sein. Ein ganz besonderes Spektakel ist es, wenn Sie Ihre gefiederten Freunde beim Baden beobachten können.

Wassertränke

→ hier baden Vögel gerne

1 Die Grundform besteht aus einem Blumentopfuntersetzer aus dem Gartencenter. Achten Sie darauf, dass der Untersetzer glasiert ist.

2 Die Figuren mit Bleistift direkt auf den Untersetzer zeichnen oder den Entwurf mit Kohlepapier übertragen.

3 Soviel wasserfesten Fliesenkleber auf Zementbasis anrühren, wie innerhalb der angegebenen Verarbeitungszeit verarbeitet werden kann. Den Kleber mit einem Modelliereisen möglichst gleichmäßig 1 mm bis 2 mm dick auftragen.

4 Mit dem Legen der Vogelmotive beginnen. Bei der Bodenfläche der Wasserschale mit der äußeren Abschlussreihe anfangen und Reihe für Reihe nach innen weiterarbeiten. Die Oberfläche immer wieder mit einem flachen Gegenstand, beispielsweise einer Kelle, einem Holzstück oder einem Fliesenstück, glätten. Dieses Werkzeug vorsichtig auf die Oberfläche drücken.

5 Als nächstes den senkrechten Rand belegen. Darauf achten, dass keine Steine über den Rand ragen. Alles über Nacht trocknen lassen. Als letztes die Kieselsteine mit reichlich Kleber mit der flachen Seite nach unten auf den Rand kleben.

6 Alles über Nacht trocknen lassen. Zum Verfugen graue Fugenmasse mit Wasser anrühren und am einfachsten mit Gummihandschuhen von Hand auftragen. Zum Verfugen der Kieselsteine eignet sich auch ein Rundpinsel sehr gut. Die Fugenmasse etwas antrocknen lassen, ca. 5 bis 10 Minuten, und überschüssige Fugenmasse mit einem leicht feuchten Schwamm abwaschen. Mit einem Schwammtuch nachreinigen und die Oberfläche mit einem trockenen Tuch nach ca. 10 Minuten polieren.

MOTIVGRÖSSE
ø ca. 37 cm

MATERIAL
- Blumentopfuntersetzer, glasiert, ø 37 cm
- Glasmosaik in Schwarz, Grau, Weiß und Blautönen, ca. 1,2 m²
- wasserfester Fliesenkleber auf Zementbasis in Grau
- wasserfeste Fugenmasse auf Zementbasis in Grau
- Kieselsteine, ø ca. 1,5 cm

VORLAGE SEITE 64

Einkaufs-Tipp

Bei abweichenden Maßen des Untersetzers können Sie die benötigte Menge an Mosaiksteinen folgendermaßen berechnen: Kreisfläche: r² x 3,14. Für 0,1 m² benötigt man ca. 750 g Glasmosaik.

Antike Landschaft

→ auch für den kleinsten Balkon

MOTIVHÖHE
ca. 22 cm

MATERIAL
- Tontopfuntersetzer, ø ca. 28 cm
- wasserfester Acryllack in Transparent
- Acrylfarbe mit Granitoptik
- Kinder-Spieleimer aus Plastik, ca. ø 13 cm, 15 cm hoch
- Deko- oder Vogelsand
- lufthärtende Modelliermasse (z. B. efaplast von Faber)
- verschieden große Kieselsteine
- Plastikgras
- einige Aloe-Vera-Pflanzen
- Zeitungspapier

VORLAGENBOGEN B

1 Die Modelliermasse in den Plastikeimer füllen, auf Zeitungspapier stürzen und trocknen lassen. Die restliche Masse ca. 1,5 cm stark ausrollen und in lange, rechteckige Stücke schneiden. Daraus drei Dachstücke für das Portal, und neun 1 cm x 1,5 cm große Stücke für die Dachverzierung zuschneiden.

2 Zwei 9 cm lange Rollen für das Portal formen. Den Turm nach Vorlage verzieren. Nach dem Härten Turm und Steine mit Granit-Acrylfarbe bemalen.

3 Den Tontopfuntersetzer, soweit nicht bereits lasiert, mit farblosem Acryllack versiegeln. Den Turm hineinsetzen, die Verzierungen mit Heißkleber ankleben. Die restlichen Steine dekorativ darum verteilen. Grasbüschel an den Turm kleben.

Variations-Tipp

Die kleine Landschaft wirkt lebendiger, wenn Sie zusätzlich kleine Aloe-Vera-Pflanzen auf den Steinen platzieren.

Scherbenmosaik

→ mit Kieselsteinen

MOTIVHÖHE
ca. 7 cm

MATERIAL
- Keramikuntersetzer, ø 35 cm
- 48 Kieselsteine in Schwarz, ca. 2 cm groß
- ca. 7 größere Teller mit Muster, möglichst mit Vogelmotiv
- Silikon zum Kleben oder wasserfester Fliesenkleber auf Zementbasis in Grau
- wasserfeste Fugenmasse in Hellgrau

1 Zuerst die 36 Kiesel auf die Randkante kleben. Darauf achten, dass genügend Silikon oder Fliesenkleber benutzt wird, damit die Kiesel gut befestigt sind.

2 Die Teller in Scherben zerschlagen. Das mittlere Motiv mit der Mosaikzange kreisförmig herausschneiden und kleben. Die zwölf restlichen Kiesel um das Motiv kleben. Die Bereiche zwischen den Kieseln mit Scherbenstücken füllen. Die restliche innere Fläche mit diversen Scherben ausfüllen.

3 Außen regelmäßige geometrisch angeordnete Scherben aufsetzen. Möglichst mit ausreichend viel Kleber arbeiten, damit die verschiedenen Ebenen (Wölbung der Teller) ausgeglichen werden können.

4 Nach einem Tag hellgrau verfugen.

Einkaufs-Tipp

Falls Sie keine gemusterten Teller für Scherbenmosaike zu Hause haben, können Sie auf dem Flohmarkt oder in karitativen Secondhand-Läden originelle Schnäppchen finden. Auch Fliesenhändler haben eine große Auswahl an ausgefallenen Motiven.

HINWEIS Manche Vorlagen hier im Buch wurden verkleinert. Diese Vorlagen bitte einfach mit dem angegebenen Vergrößerungsfaktor im Kopiergeschäft kopieren und dann diese Kopien wie normale Vorlagen nutzen.

Kaktus-Kaskade
SEITE 15

Chinesischer Brunnen
SEITE 19

力

能

健

Kaktus-Kaskade
SEITE 15

Skizze

Japangarten

SEITE 35

Bambusbrunnen

SEITE 23

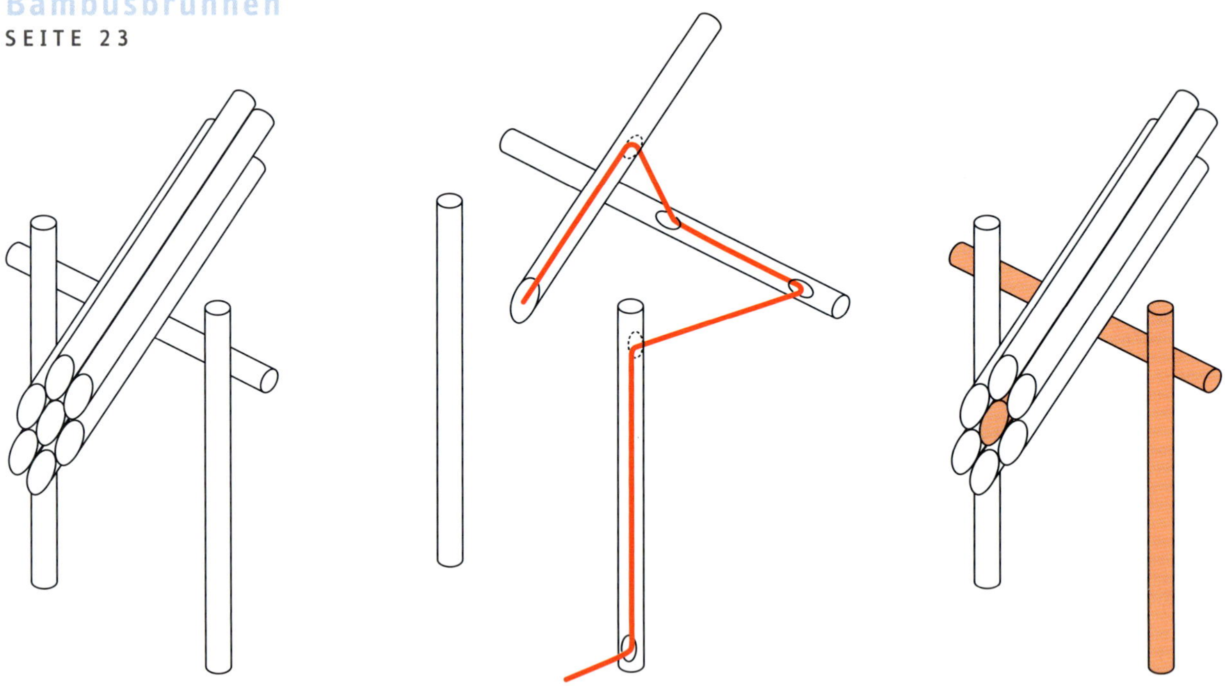

Wasserpilz

SEITE 47

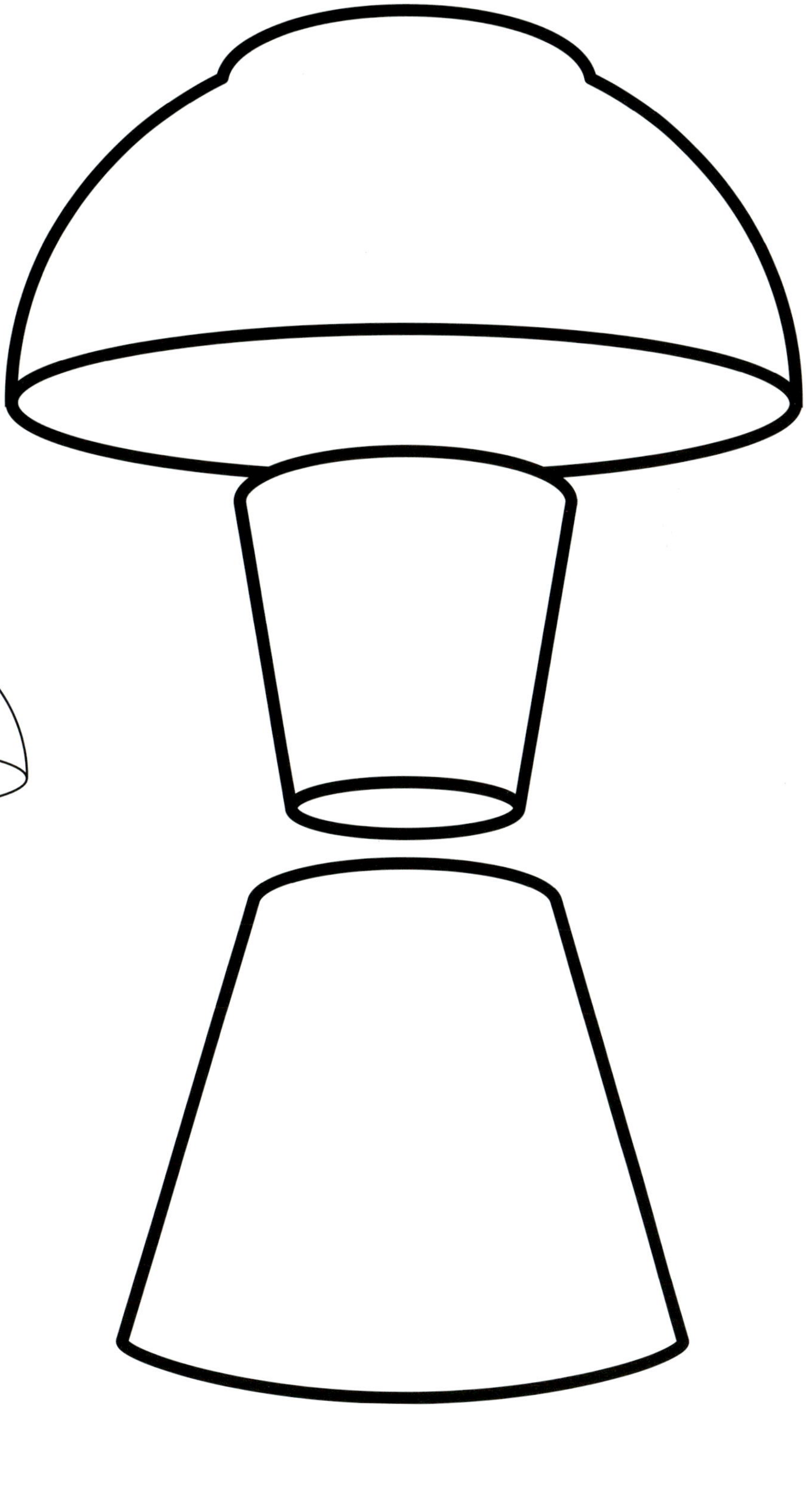

Skizze

Wassertränke

SEITE 54

bitte auf 200 % vergrößern

IMPRESSUM

MODELLE: Marie-Luise Brückner (Seite 10, 13 15, 17, 21, 23, 25, 29, 33, 35, 43, 47, 49, 51, 57), Sia Dreher (Seite 19, 31, 45), Catherine Massey/Annette Wragge (Seite 40, 59), Bruno Rodi (Seite 27, 37, 53, 54)

FOTOS: frechverlag GmbH, 70499 Stuttgart; Fotostudio Ullrich & Co., Renningen; Image Source/Mauritius (Seite 38), Rudolf Pigneter/Mauritius (Seite 39)

DRUCK UND BINDUNG: Finidr s.r.o., Cesky Tesin, Tschechische Republik

Auflage:	5.	4.	3.	2.	1.	
Jahr:	2010	2009	2008	2007	2006	[Letzte Zahlen maßgebend]

ISBN 10: 3-7724-5246-9
ISBN 13: 978-37724-5246-8
Best.-Nr. 5246

力
能
健

COLLECTION FOLIO